# もくじ

教科書ぴったりトレーニング

▶3分でまとめ動画



トラック トラック のついているところと、各付録の音声は、右のQRコード、または専用の「ポケットリスニング」のアプリから聞くことができます。
「ポケットリスニング」について、くわしくは表紙の裏をご覧ください。
https://www.shinko-keirin.co.jp/shinko/listening-pittari_training/

スピーキングアプリ のついているところは専用の「ぴたトレスピーキング」のアプリで学習します。
くわしくは97ページをご覧ください。

ぴったり1 準備

# アルファベットを学ぼう 大文字

学習日　　月　　日

3分でまとめ

## アルファベット　大文字

ききトリ　音声でアルファベットの音を聞いて、後に続いて言ってみましょう。　トラック0

☐ A《エイ》

☐ B《ビー》
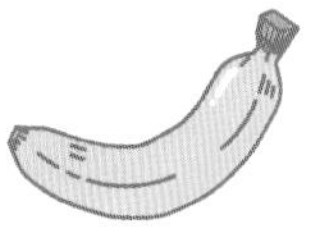
☐ C《スィー》

☐ D《ディー》

☐ E《イー》

☐ F《エフ》

☐ G《ジー》

☐ H《エイチ》

☐ I《アイ》

☐ J《ジェイ》

☐ K《ケイ》

☐ L《エル》

☐ M《エンム》

☐ N《エンヌ》

☐ O《オウ》

☐ P《ピー》

☐ Q《キュー》

☐ R《アール》

☐ S《エス》

☐ T《ティー》

☐ U《ユー》

☐ V《ヴィー》

☐ W《ダブリュー》

☐ X《エクス》

☐ Y《ワイ》

☐ Z《ズィー》

☑ 発音したらチェック

付録 とりはずしてお使いください。

# 英語 おさらいドリル

# 5年

こちらから
単語や文章の音声を
聞くことができます。

年　　組

# アルファベット

アルファベットの大文字をなぞりましょう。また、くり返し書いてみましょう。

A B C D E F

G H I J K L

M N O P Q R

S T U V W X

Y Z

アルファベットの小文字をなぞりましょう。また、くり返し書いてみましょう。

a b c d e f

g h i j k l

m n o p q r

s t u v w x

y z

# 気分を表す言葉

気分を表す言葉をなぞりましょう。また、くり返し書いてみましょう。

□わくわくした

excited

□うれしい

happy

□悲しい

sad

□眠い

sleepy

□心配な

nervous

□悪い

bad

聞かれたことについて、自分ならどう答えるか書いてみましょう。
空らんのことばを埋めて、文をなぞりましょう。

## 1 自分の気分を伝えるとき

I'm ________________ .

（私は〇〇です。）

## 2 相手の気分をたずねるとき、答えるとき

Are you ________________ ?

（あなたは〇〇ですか。）

Yes, I am.

（はい、そうです。）

No, I'm not.

（いいえ、そうではありません。）

# 色を表す言葉

色を表す言葉をなぞりましょう。また、くり返し書いてみましょう。

□グレー

gray

□金

gold

□ライトブルー

light blue

□むらさき

purple

□銀

silver

□黄緑

yellow green

聞かれたことについて、自分ならどう答えるか書いてみましょう。
空らんのことばを埋めて、文をなぞりましょう。

## ① 相手に好きな色をたずねるとき、答えるとき

What color do you like?

（あなたは何色が好きですか。）

I like ＿＿＿＿＿＿＿＿ .

（私は〇〇が好きです。）

## ② 相手に「～色は好きですか。」と具体的にたずねるとき、答えるとき

Do you like ＿＿＿＿＿＿＿＿ ?

（あなたは〇〇が好きですか。）

Yes, I do.

（はい、そうです。）

No, I don't.

（いいえ、そうではありません。）

# スポーツを表す言葉

スポーツを表す言葉をなぞりましょう。また、くり返し書いてみましょう。

□クリケット

cricket

□フェンシング

fencing

□フィギュアスケート

figure skating

□ラグビー

rugby

□スノーボード

snowboarding

□車いすテニス

wheelchair tennis

聞かれたことについて、自分ならどう答えるか書いてみましょう。
空らんのことばを埋めて、文をなぞりましょう。

## ① 相手に好きなスポーツをたずねるとき、答えるとき

What sport do you like?

（あなたは何のスポーツが好きですか。）

I like ＿＿＿＿＿＿＿＿ .

（私は○○が好きです。）

## ② 自分の得意なスポーツを伝えるとき

I'm good at ＿＿＿＿＿＿＿＿ .

（私は○○が得意です。）

## ③ 自分ができるスポーツを答えるとき

I can ＿＿＿＿＿＿＿＿ .

（私は○○をすることができます。）

おもに球を使うスポーツは、play ＋スポーツの言葉
剣道や柔道などは、do ＋スポーツの言葉　となるよ。
フィギュアスケート、またはスノーボードができる
というときは　I can figure skate.　というよ。
I can snowboard.

# 食べ物（料理・デザート）を表す言葉

食べ物を表す言葉をなぞりましょう。また、くり返し書いてみましょう。

□アップルパイ

apple pie

□チーズケーキ

cheese cake

□焼き飯

fried rice

□フィッシュアンドチップス

fish and chips

□ポークステーキ

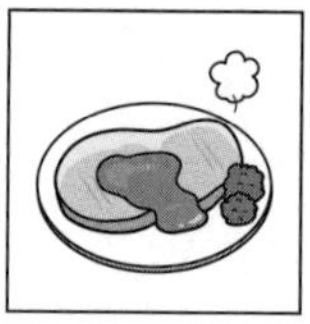

pork steak

□ローストビーフ

roast beef

聞かれたことについて、自分ならどう答えるか書いてみましょう。
空らんのことばを埋めて、文をなぞりましょう。

## 1 朝ごはんに食べるものを伝えるとき

I have ＿＿＿＿＿＿＿＿

for breakfast.

（私は朝食に〇〇を食べます。）

## 2 注文をするとき

I'd like ＿＿＿＿＿＿＿＿ .

（〇〇をお願いします。）

＿＿＿＿＿＿＿＿ , please.

（〇〇をお願いします。）

## 3 食べたいものを伝えるとき

I want to eat ＿＿＿＿＿＿＿＿ .

（私は〇〇を食べたいです。）

# 飲み物を表す言葉

飲み物を表す言葉をなぞりましょう。また、くり返し書いてみましょう。

□コーヒー

coffee

□ミネラルウォーター

mineral water

□りんごジュース

apple juice

□オレンジジュース

orange juice

□緑茶

green tea

□ホットチョコレート

hot chocolate

聞かれたことについて、自分ならどう答えるか書いてみましょう。
空らんのことばを埋めて、文をなぞりましょう。

## 1 昼食に食べるものや飲むものを伝えるとき

I have ________________

for lunch.

（私は昼食に○○を食べます。）

## 2 注文をするとき

What would you like?

（何にいたしますか。）

I'd like ________________.

（○○をお願いします。）

________________, please.

（○○をお願いします。）

# 果物・野菜・食材を表す言葉

果物・野菜・食材を表す言葉をなぞりましょう。また、くり返し書いてみましょう。

□アスパラガス

asparagus

□カボチャ

pumpkin

□セロリ

celery

□ブルーベリー

blueberry

□マンゴー

mango

□海そう

seaweed

聞かれたことについて、自分ならどう答えるか書いてみましょう。
空らんのことばを埋めて、文をなぞりましょう。

## 1 ものの数をたずねるとき

How many ＿＿＿＿＿＿＿＿ ?

（○○はいくつですか。）

## 2 好きなものをたずねるとき、答えるとき

What vegetable do you like?

（何の野菜が好きですか。）

What fruit do you like?

（何の果物が好きですか。）

I like ＿＿＿＿＿＿＿＿ .

（○○が好きです。）

# 動物・海の生き物を表す言葉

動物・海の生き物を表す言葉をなぞりましょう。また、くり返し書いてみましょう。

□カピバラ

capybara

□タヌキ

raccoon dog

□ワシ

eagle

□フラミンゴ

flamingo

□カメ

turtle

□イカ

squid

聞かれたことについて、自分ならどう答えるか書いてみましょう。
空らんのことばを埋めて、文をなぞりましょう。

## 1 動物がどこにいるかをたずねるとき、答えるとき

Where is ______ ?

（○○はどこにいますか。）

It's on the chair.

（いすの上にいます。）

## 2 好きな動物をたずねるとき、答えるとき

What animal do you like?

（何の動物が好きですか。）

I like ______ .

（○○が好きです。）

好きな動物を答えるときは、その動物は s をつけて複数形で表すよ。
（例）dog → dogs

# 虫・昆虫を表す言葉

虫・昆虫を表す言葉をなぞりましょう。また、くり返し書いてみましょう。

□アリ

ant

□甲虫

beetle

□イモ虫

caterpillar

□トンボ

dragonfly

□キリギリス・バッタ

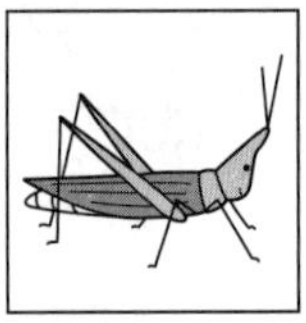

grasshopper

□クモ

spider

聞かれたことについて、自分ならどう答えるか書いてみましょう。
空らんのことばを埋めて、文をなぞりましょう。

## 1 動物や虫がどこに生息しているかをたずねるとき、答えるとき

Where do ______ live?

（○○はどこに生息していますか。）

生息している動物や虫などは集団なので、複数形で表すよ。
（例）beetle → beetles

They live in forests.

（それらは森林に生息しています。）

## 2 見えている動物や虫などについて伝えるとき

I see ______.

（わたしには○○が見えます。）

# 性格を表す言葉

性格を表す言葉をなぞりましょう。また、くり返し書いてみましょう。

□はずかしがりの

shy

□創造力がある

creative

□友好的な

friendly

□利口な

smart

□活動的な

active

□やさしい

gentle

聞かれたことについて、自分ならどう答えるか書いてみましょう。
空らんのことばを埋めて、文をなぞりましょう。

## ① 自分のまわりの人を紹介するとき

This is my friend, Yuka.

（こちらは私の友達のユカです。）

She's ＿＿＿＿＿＿＿＿＿＿＿＿＿＿＿.

（彼女は○○です。）

## ② 自分のヒーローについて伝えるとき

My hero is my father.

（私のヒーローは私の父です。）

He's ＿＿＿＿＿＿＿＿＿＿＿＿＿＿＿.

（彼は○○です。）

# 家族・人を表す言葉

家族・人を表す言葉をなぞりましょう。また、くり返し書いてみましょう。

□祖父、祖母

grandparent

□親

parent

□おば

aunt

□おじ

uncle

□いとこ

cousin

□近所の人

neighbor

聞かれたことについて、自分ならどう答えるか書いてみましょう。
空らんのことばを埋めて、文をなぞりましょう。

## 1 自分のまわりの人について紹介するとき

Who is this?

（［写真などを見ながら］こちらはどなたですか。）

She's my ______ .

（彼女は私の〇〇です。）

## 2 自分のまわりの人がどんな人か伝えるとき

My ______ is kind.

（私の〇〇は親切です。）

# 動作を表す言葉

動作を表す言葉をなぞりましょう。また、くり返し書いてみましょう。

□髪をとく

comb my hair

□ゴミを出す

take out the garbage

□昆虫をとる

catch insects

□指を鳴らす

snap my fingers

□立ち上がる

stand up

□すわる

sit down

聞かれたことについて、自分ならどう答えるか書いてみましょう。
空らんのことばを埋めて、文をなぞりましょう。

## 1 自分の日課について伝えるとき

I ＿＿＿＿＿＿＿＿

every morning.

（私は毎朝○○します。）

I sometimes ＿＿＿＿＿＿＿＿ .

（私はときどき○○します。）

## 2 できることをたずねるとき、答えるとき

Can he ＿＿＿＿＿＿＿＿ ?

（彼は○○できますか。）

Yes, he can.

（はい、できます。）

No, he can't.

（いいえ、できません。）

# 楽器を表す言葉

楽器を表す言葉をなぞりましょう。また、くり返し書いてみましょう。

□アコーディオン

accordion

□ハーモニカ

harmonica

□キーボード

keyboard

□ピアニカ・メロディカ

melodica

□タンバリン

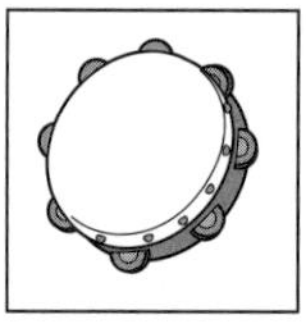

tambourine

□トランペット

trumpet

聞かれたことについて、自分ならどう答えるか書いてみましょう。
空らんのことばを埋めて、文をなぞりましょう。

## 1 自分が演奏できる楽器について伝えるとき

I can play the ＿＿＿＿＿＿＿＿.

（私は○○を演奏することができます。）

## 2 彼 / 彼女が楽器を演奏できるかたずねるとき、答えるとき

Can she play
the ＿＿＿＿＿＿＿＿?

（彼女は○○を演奏することができますか。）

Yes, she can.

（はい、できます。）

No, she can't.

（いいえ、できません。）

# 町にあるものを表す言葉

町にあるものを表す言葉をなぞりましょう。また、くり返し書いてみましょう。

□動物病院

animal hospital

□銀行

bank

□市役所

city hall

□映画館

movie theater

□ショッピングモール

shopping mall

□文ぼう具店

stationery store

聞かれたことについて、自分ならどう答えるか書いてみましょう。
空らんのことばを埋めて、文をなぞりましょう。

## 1 町にある建物などが、どこにあるかたずねるとき、伝えるとき

Where is ______ ?

（○○はどこにありますか。）

Go straight.

（まっすぐ進んでください。）

Turn left.

（左に曲がってください。）

You can see it on your right.

（右に見えます。）

# 学校にまつわるものを表す言葉

学校にまつわるものを表す言葉をなぞりましょう。また、くり返し書いてみましょう。

□通学かばん

school bag

□制服

school uniform

□黒板

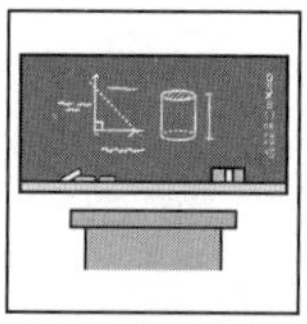

blackboard

□調理室

cooking room

□理科室

science room

□コンピューター室

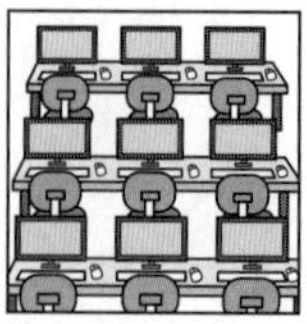

computer room

聞かれたことについて、自分ならどう答えるか書いてみましょう。
空らんのことばを埋めて、文をなぞりましょう。

## 1 学校にあるものがどこにあるかたずねるとき

Where is ＿＿＿＿＿＿＿＿＿＿＿＿?

（○○はどこにありますか。）

It's next to the cooking room.

（それは調理室のとなりにあります。）

## 2 校内のお気に入りの場所をつたえるとき

My favorite place is

＿＿＿＿＿＿＿＿＿＿＿＿.

（わたしのお気に入りの場所は○○です。）

教科書ぴったりトレーニング

# 英語 5年 がんばり表

いつも見えるところに、この「がんばり表」をはっておこう。
この「ぴたトレ」を学習したら、シールをはろう！
どこまでがんばったかわかるよ。

## Unit 3　誕生《たんじょう》日《び》について話そう

| 28～29ページ | 26～27ページ | 24～25ページ | 22～23ページ |
|---|---|---|---|
| ぴったり3 | ぴったり1 2 | ぴったり1 2 | ぴったり1 2 |
| できたらシールをはろう | できたらシールをはろう | できたらシールをはろう | できたらシールをはろう |

## Unit 2　好きな教科と

| 20～21ページ | 18～1 |
|---|---|
| ぴったり3 | ぴったり |
| できたらシールをはろう | できた シール はろ |

## Unit 4　一日の生活について話そう

| 30～31ページ | 32～33ページ | 34～35ページ | 36～37ページ | 38～39ページ | 40～41ページ |
|---|---|---|---|---|---|
| ぴったり1 2 | ぴったり1 2 | ぴったり3 | ぴったり1 2 | ぴったり1 2 | ぴったり3 |
| できたらシールをはろう | できたらシールをはろう | できたらシールをはろう | できたらシールをはろう | できたらシールをはろう | できたらシールをはろう |

## Unit 7　ほしいものについて話そう

| 74～75ページ | 72～73ページ | 70～71ページ | 68～69ページ | 66～67ページ |
|---|---|---|---|---|
| ぴったり3 | ぴったり1 2 | ぴったり3 | ぴったり1 2 | ぴったり1 2 |
| できたらシールをはろう | できたらシールをはろう | できたらシールをはろう | できたらシールをはろう | できたらシールをはろう |

## Unit

| 64～ |
|---|
| ぴっ |

## Unit 8　場所について話そう

| 76～77ページ | 78～79ページ | 80～81ページ | 82～83ページ | 84～85ページ | 86～87ページ |
|---|---|---|---|---|---|
| ぴったり1 2 | ぴったり1 2 | ぴったり3 | ぴったり1 2 | ぴったり1 2 | ぴったり3 |
| できたらシールをはろう | できたらシールをはろう | できたらシールをはろう | できたらシールをはろう | できたらシールをはろう | できたらシールをはろう |

## Unit 9

| 88～8 |
|---|
| ぴった |
| でき シー は |

（キリトリ線）
教科書ぴったりトレーニング　英語　5年　全教科書版　折込①（オモテ）

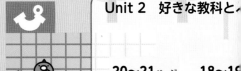

ぴったり合わせて使うこ
勉強をサポートするよ。

ように作っています。
を示した「単元対照表」を
てお使いください。

よ。

んしよう。
れるよ。

ブの登録商標です。

かな？

んでみよう。

もどってか

の学習が終わっ
「がんばり表」
ルをはろう。

るよ。
まちがえた
を読んで、

## おうちのかたへ

本書『教科書ぴったりトレーニング』は、重要事項をつかむ「ぴったり１ 準備」、おさらいをしながら単語や表現の書き取りに慣れる「ぴったり２ 練習」、テスト形式で学習事項が定着したか確認する「ぴったり３ 確かめのテスト」の３段階構成になっています。学校の授業のねらいに完全対応していますので、日々の学習（トレーニング）にぴったりです。

## 「観点別学習状況の評価」について

学校の通知表は、「知識・技能」「思考・判断・表現」「主体的に学習に取り組む態度」の３つの観点による評価がもとになっています。

問題集やドリルでは、一般に知識を問う問題が中心になりますが、本書『教科書ぴったりトレーニング』では、次のように、観点別学習状況の評価に基づく問題を取り入れて、成績アップに結びつくことをねらいました。

**ぴったり３ 確かめのテスト**

●「知識・技能」のうち、特に技能（具体的な情報の聞き取りなど）を取り上げた問題には「技能」と表示しています。

●「思考・判断・表現」のうち、特に思考や表現（予想したり文章で説明したりすることなど）を取り上げた問題には「思考・判断・表現」と表示しています。

**チャレンジテスト**

●主に「知識・技能」を問う問題か、「思考・判断・表現」を問う問題かで、それぞれに分類して出題しています。

## 別冊『丸つけラクラク解答』について

**おうちのかたへ** では、次のようなものを示しています。

**・学習のねらいやポイント**
**・まちがいやすいことやつまずきやすいところ**

お子様への説明や、学習内容の把握などにご活用ください。

内容の例

**おうちのかたへ**

このユニットでは、過去に行った場所やしたことを伝える表現を練習しました。I went to～.（私は～へ行きました。）などに対して、Sounds good!（楽しそうだね。）などを使って感想を伝えてみてください。

（キリトリ線）

# 教科書ぴったりトレーニングの使い方

『ぴたトレ』は学校の授業にて
とができるよ。ぴた犬たちが

『単元対照表』について
この本は、どの教科書にも合う
教科書の単元と、この本の関連
参考に、学校での授業に合わせ

## ふだんの学習

### ぴったり1 準備

学校の授業のだいじなところをまとめていく。
めあて でどんなことを勉強するかわかるよ。
音声を聞きながら、自分で声に出してかくにん
QRコードから「3分でまとめ動画」が見られ

※QRコードは株式会社デンソーウェー

### ぴったり2 練習

「ぴったり1」で勉強したこと、おぼえている
かくにんしながら、自分で書く練習をしよう。

### ぴったり3 確かめのテスト

「ぴったり1」「ぴったり2」が終わったら取り組
学校のテストの前にやってもいいね。
わからない問題は、ふりかえり を見て前に
くにんしよう。

## 実力チェック

- 夏のチャレンジテスト
- 冬のチャレンジテスト
- 春のチャレンジテスト
- 5年 英語のまとめ 学力診断《しんだん》テスト

夏休み、冬休み、春休み前に
使いましょう。
学期の終わりや学年の終わりの
テストの前にやってもいいね。

ふだん
たら、
にシー

## 別《べっ》冊《さつ》

### 丸つけラクラク解答《かいとう》

問題と同じ紙面に赤字で「答え」が書いてあ
取り組んだ問題の答え合わせをしてみよう。
問題やわからなかった問題は、右の「てびき」
もう一度見直そう。

好きななまえをつけてね！

なまえ

ぴた犬
（おとも犬）
シールを
はろう

シールの中から好きなぴた犬を選ぼう。

## おうちのかたへ

がんばり表のデジタル版「デジタルがんばり表」では、デジタル端末でも学習の進捗記録をつけることができます。1冊やり終えると、抽選でプレゼントが当たります。「ぴたサポシステム」にご登録いただき、「デジタルがんばり表」をお使いください。LINE または PC・ブラウザを利用する方法があります。

LINE用　PC・ブラウザ用

ぴたサポシステムご利用ガイドはこちら
https://www.shinko-keirin.co.jp/shinko/news/pittari-support-system

スタート

### Unit 1　自己《じこ》しょうかいをしよう

| 8～9ページ | 10～11ページ | 12～13ページ |
| --- | --- | --- |
| ぴったり 1 2 | ぴったり 1 2 | ぴったり 3 |
| できたらシールをはろう | できたらシールをはろう | できたらシールをはろう |

### ふだんすることについて話そう

| 14～15ページ | 16～17ページ | ページ |
| --- | --- | --- |
| ぴったり 1 2 | ぴったり 1 2 | 1 2 |
| できたらシールをはろう | できたらシールをはろう | ら<br>き |

### Unit 5　できること・できないことについて話そう

| 42～43ページ | 44～45ページ | 46～47ページ | 48～49ページ | 50～51ページ | 52～53ページ |
| --- | --- | --- | --- | --- | --- |
| ぴったり 1 2 | ぴったり 1 2 | ぴったり 3 | ぴったり 1 2 | ぴったり 1 2 | ぴったり 3 |
| できたらシールをはろう | できたらシールをはろう | できたらシールをはろう | できたらシールをはろう | できたらシールをはろう | できたらシールをはろう |

### 6　身の回りの人・得意なことについて話そう

| 54～55ページ | 56～57ページ | 58～59ページ | 60～61ページ | 62～63ページ | 65ページ |
| --- | --- | --- | --- | --- | --- |
| ぴったり 1 2 | ぴったり 1 2 | ぴったり 3 | ぴったり 1 2 | ぴったり 1 2 | たり 3 |
| できたらシールをはろう | できたらシールをはろう | できたらシールをはろう | できたらシールをはろう | できたらシールをはろう | きたら<br>ールを<br>ろう |

### したいことについて話そう

| 9ページ | 90～91ページ | 92～93ページ | 94～95ページ |
| --- | --- | --- | --- |
| 1 2 | ぴったり 1 2 | ぴったり 1 2 | ぴったり 3 |
| たら<br>ルを<br>う | できたらシールをはろう | できたらシールをはろう | できたらシールをはろう |

ゴール

最後でがんばったキミは「ごほうびシール」をはろう！

ごほうび
シールを
はろう

音声《おんせい》クイズつき！

# イラストでおぼえる 英語《えいご》カード 5年

右のQRコードから、
音声を聞くことができます。

1 animal

□ bear

2 animal

□ cat

3 animal

□ dog

4 animal

□ fish

5 animal

□ horse

6 animal

□ lion

7 animal

□ rabbit

8 animal

□ snake

9 animal

□ tiger

10 subject

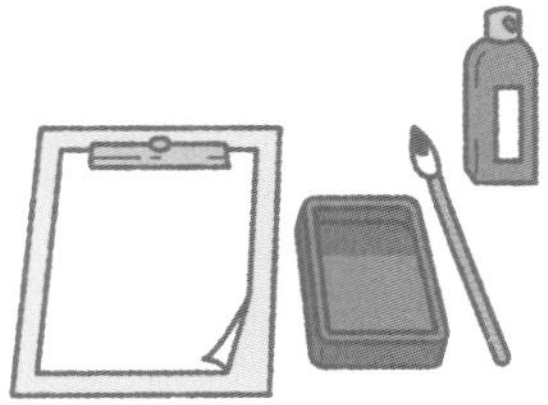

□ calligraphy

11 subject

□ English

12 subject

□ home economics

13 subject

□ Japanese

14 subject

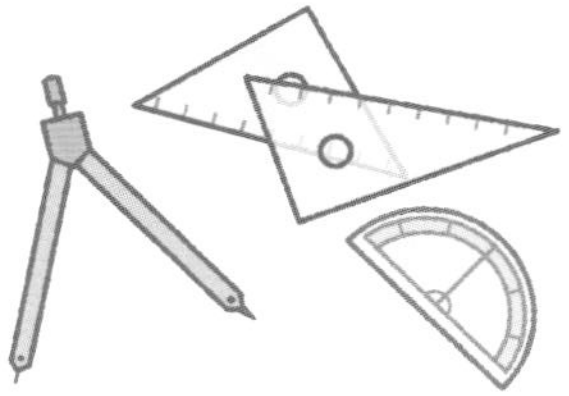

□ math

## 使い方

❶音声を聞いて、英語を読んでみましょう。イラストと合わせて覚えましょう。

❷日本語とイラストを見て、英語を言えるか確認《かくにん》してみましょう。

❸音声クイズを聞いて、答えのカードをさがしてみましょう。

1 動物

□ クマ

2 動物

□ ネコ

3 動物

□ イヌ

4 動物

□ 魚

5 動物

□ ウマ

6 動物

□ ライオン

7 動物

□ ウサギ

8 動物

□ ヘビ

9 動物

□ トラ

10 教科

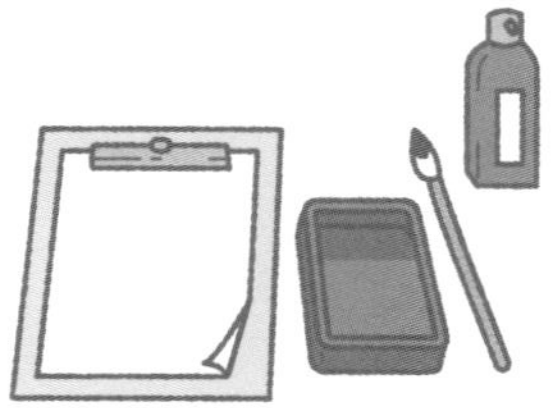

□ 書写

11 教科

□ 英語

12 教科

□ 家庭科

13 教科

□ 国語

14 教科

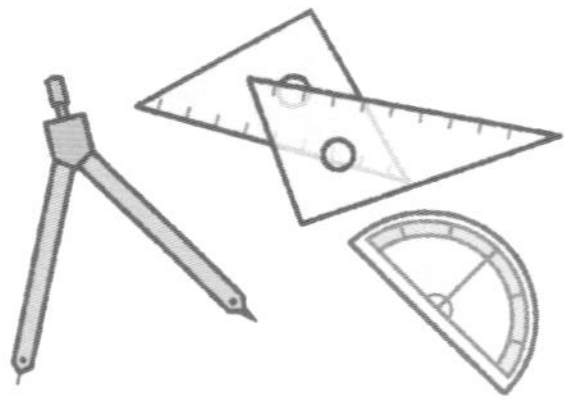

□ 算数

15 subject

□ moral education

16 subject

□ music

17 subject

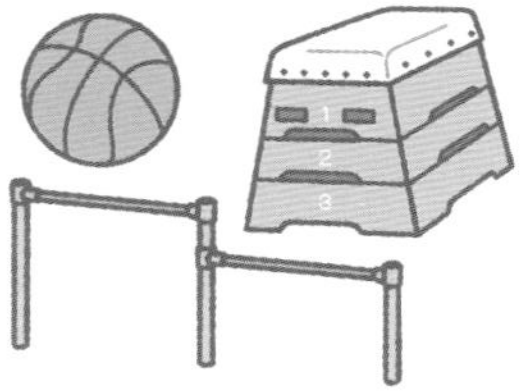

□ P.E.

18 subject

□ science

19 subject

□ social studies

20 sport

□ badminton

21 sport

□ baseball

22 sport

□ basketball

23 sport

□ dodgeball

24 sport

□ rugby

25 sport

□ skiing

26 sport

□ soccer

27 sport

□ swimming

28 sport

□ table tennis

29 sport

□ tennis

30 sport

□ volleyball

18 教科

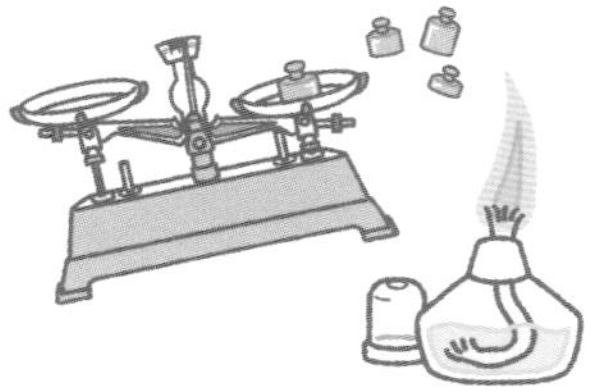

□ 理科

17 教科

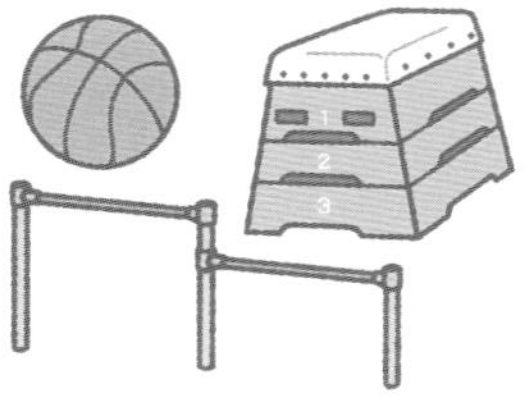

□ 体育

16 教科

□ 音楽

15 教科

□ 道徳

22 スポーツ

□ バスケットボール

21 スポーツ

□ 野球

20 スポーツ

□ バドミントン

19 教科

□ 社会

26 スポーツ

□ サッカー

25 スポーツ

□ スキー

24 スポーツ

□ ラグビー

23 スポーツ

□ ドッジボール

30 スポーツ

□ バレーボール

29 スポーツ

□ テニス

28 スポーツ

□ 卓球《たっきゅう》

27 スポーツ

□ 水泳

31 food

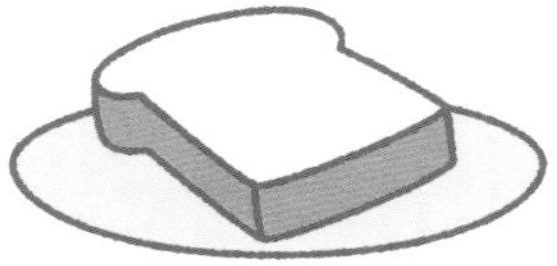

☐ bread

32 food

☐ cake

33 food

☐ chocolate

34 food

☐ curry and rice

35 food

☐ French fries

36 food

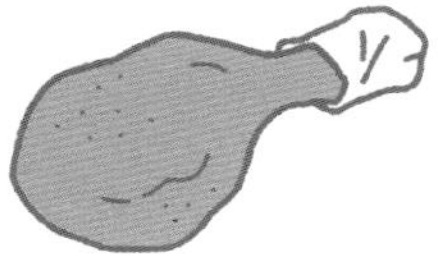

☐ fried chicken

37 food

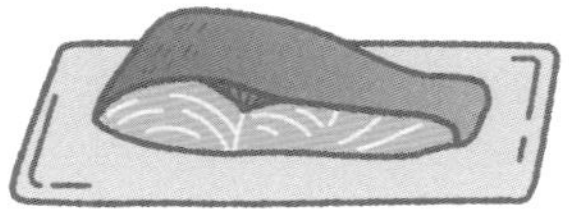

☐ grilled fish

38 food

☐ hamburger

39 food

☐ ice cream

40 food

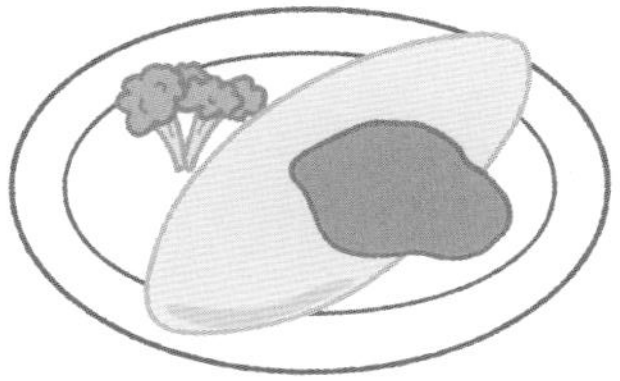

☐ omelet

41 food

☐ pancake

42 food

☐ pizza

43 food

☐ pudding

44 food

☐ rice

45 food

☐ salad

46 food

☐ sandwich

31 食べ物

☐ パン

32 食べ物

☐ ケーキ

33 食べ物

☐ チョコレート

34 食べ物

☐ カレーライス

35 食べ物

☐ フライドポテト

36 食べ物

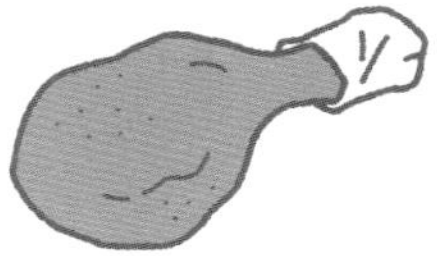

☐ フライドチキン

37 食べ物

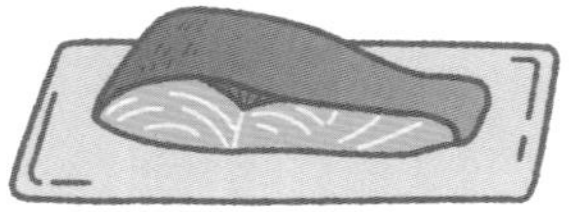

☐ 焼き魚

38 食べ物

☐ ハンバーガー

39 食べ物

☐ アイスクリーム

40 食べ物

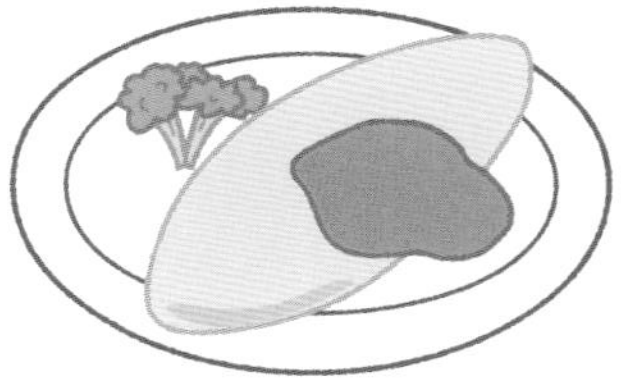

☐ オムレツ

41 食べ物

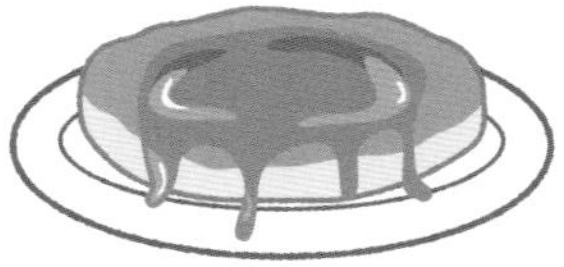

☐ パンケーキ

42 食べ物

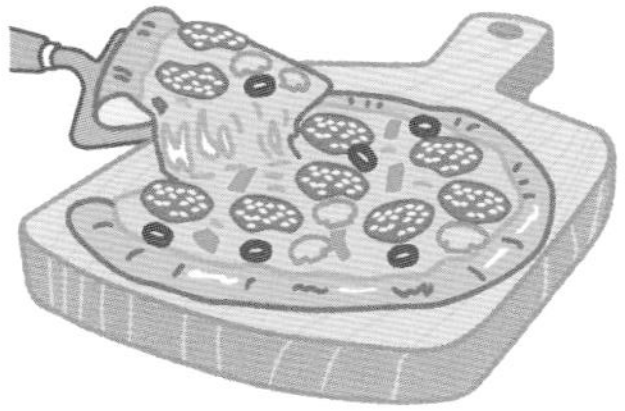

☐ ピザ

43 食べ物

☐ プリン

44 食べ物

☐ 米

45 食べ物

☐ サラダ

46 食べ物

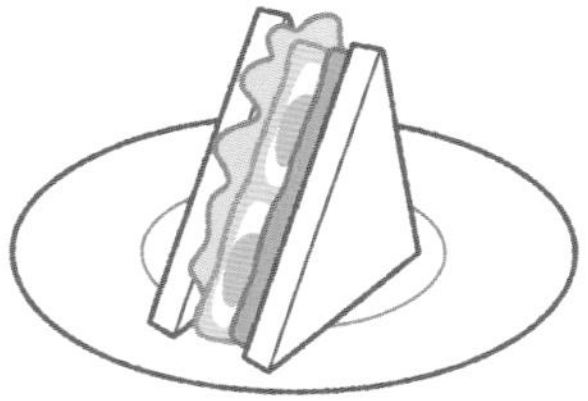

☐ サンドイッチ

47 food

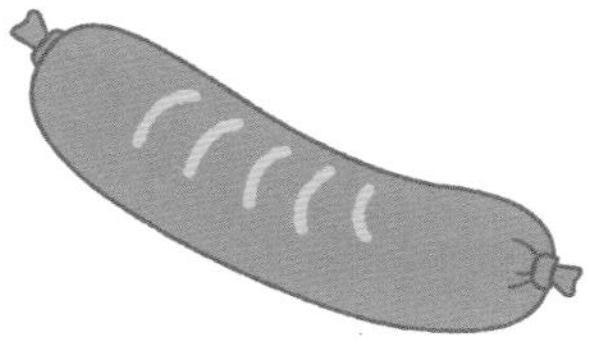

☐ sausage

48 food

☐ soup

49 food

☐ spaghetti

50 food

☐ steak

51 drink

☐ coffee

52 drink

☐ milk

53 drink

☐ tea

54 drink

☐ water

55 town

☐ amusement park

56 town

☐ aquarium

57 town

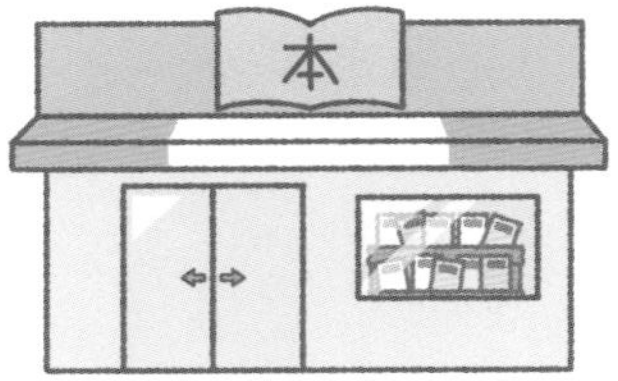


☐ bookstore

58 town

☐ castle

59 town

☐ department store

60 town

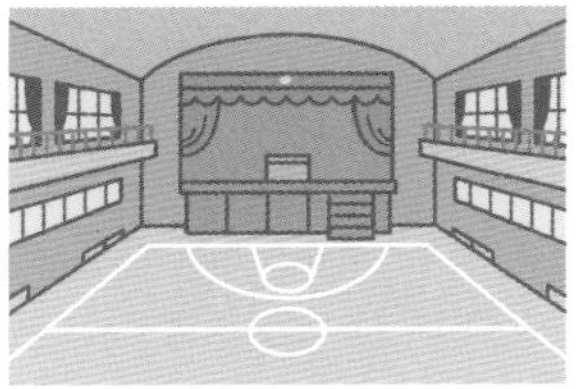

☐ gym

61 town

☐ hospital

62 town

☐ library

47 食べ物

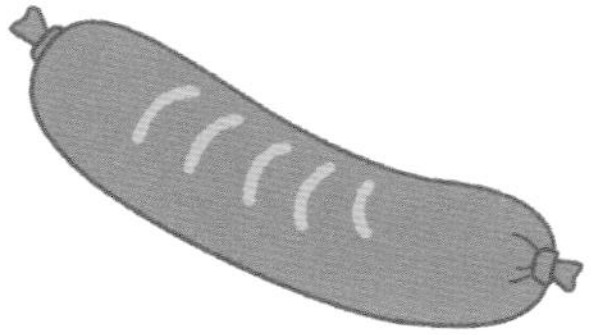

□ ソーセージ

48 食べ物

□ スープ

49 食べ物

□ スパゲッティ

50 食べ物

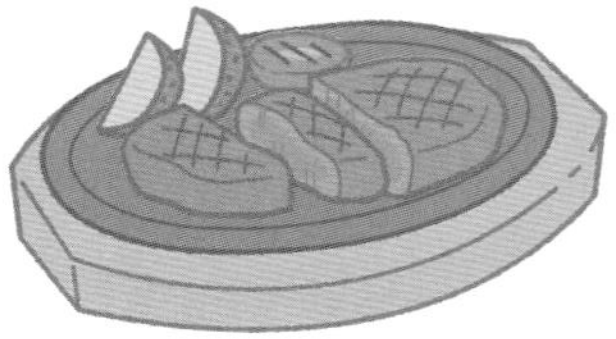

□ ステーキ

51 飲み物

□ コーヒー

52 飲み物

□ 牛乳《ぎゅうにゅう》

53 飲み物

□ 紅茶《こうちゃ》、茶

54 飲み物

□ 水

55 町

□ 遊園地

56 町

□ 水族館

57 町

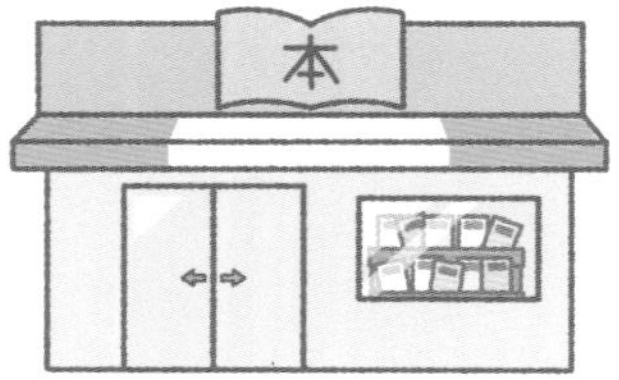


□ 本屋

58 町

□ 城

59 町

□ デパート

60 町

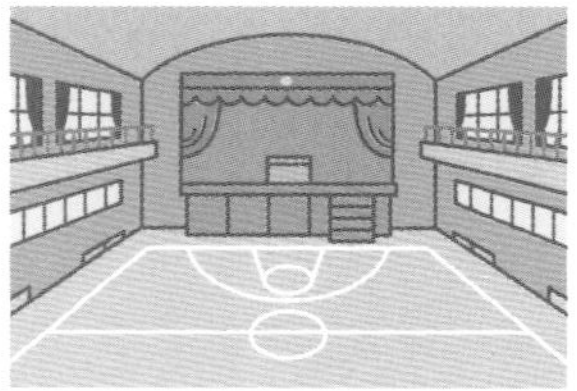

□ 体育館

61 町

□ 病院

62 町

□ 図書館

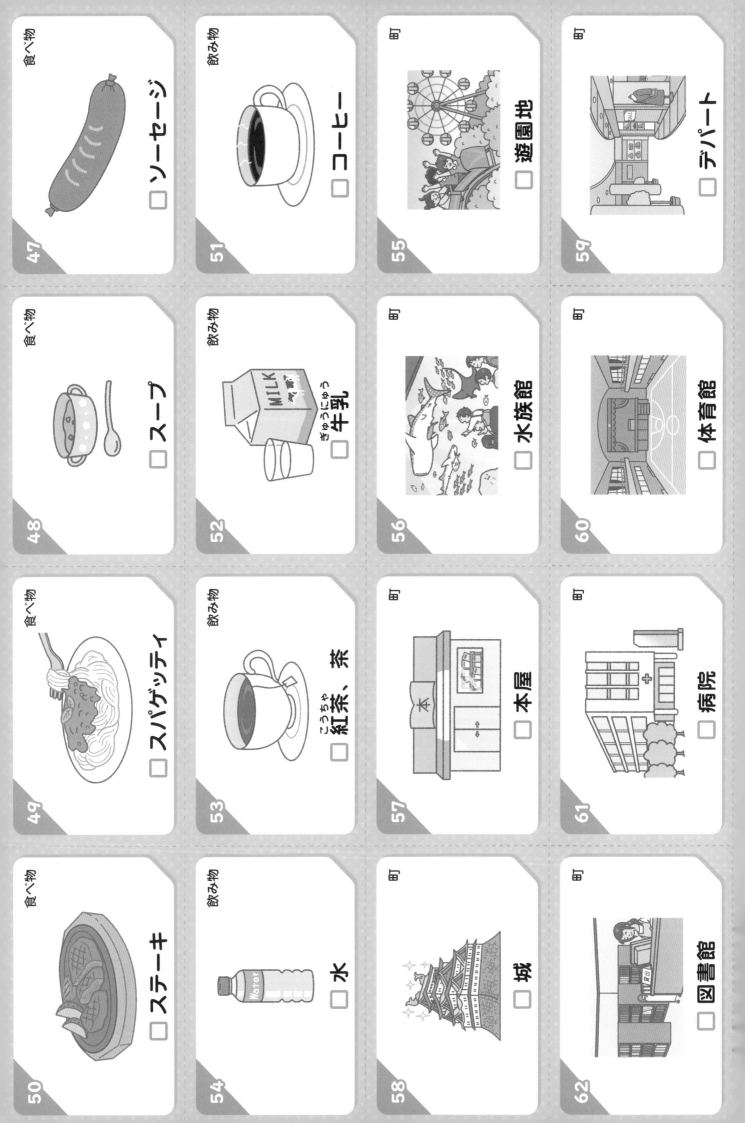

ぴったり2

# 練習

学習日　　月　　日

※ 目安です。
※ く似たカタカナで表しています。
い発音を確かめましょう。

**かきトリ** 声に出して文字をなぞった後、自分で2回ぐらい書いてみましょう。 できたらチェック！ 書く □ 話す □

① A

② B

③ C

④ D

⑤ E

⑥ F

⑦ G

⑧ H

⑨ I

⑩ J

⑪ K

⑫ L

⑬ M

⑭ N

⑮ O

⑯ P

⑰ Q

⑱ R

⑲ S

⑳ T

㉑ U

㉒ V

㉓ W

㉔ X

㉕ Y

㉖ Z

**ヒント**

大文字は、一番上の線から3番目の線までの間に書くよ。

ぴったり1 準備

# アルファベットを学ぼう 小文字

学習日　月　日

## アルファベット　小文字

ききトリ アルファベットをリズムに乗って言ってみましょう。　トラック0

□ a《エイ》

□ b《ビー》
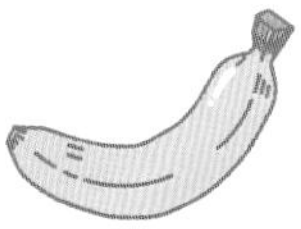

□ c《スィー》

□ d《ディー》

□ e《イー》
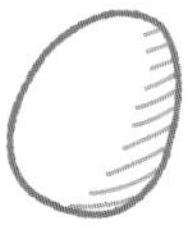

□ f《エフ》

□ g《ジー》

□ h《エイチ》

□ i《アイ》

□ j《ジェイ》

□ k《ケイ》

□ l《エル》
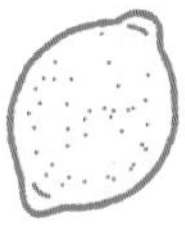

□ m《エンム》

□ n《エンヌ》

□ o《オウ》

□ p《ピー》

□ q《キュー》

□ r《アール》

□ s《エス》
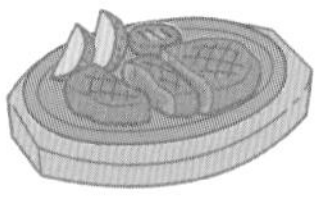

□ t《ティー》

□ u《ユー》

□ v《ヴィー》

□ w《ダブリュー》

□ x《エクス》

□ y《ワイ》

□ z《ズィー》

☑ 発音したらチェック

ぴったり2

# 練習

学習日　　月　　日

※アルファベットの書き順は目安です。
※この本では英語の発音をよく似たカタカナで表しています。
めやすと考え、音声で正しい発音を確かめましょう。

がきトリ　声に出して文字をなぞった後、自分で2回ぐらい書いてみましょう。　できたらチェック!　書く　話す

① a
② b
③ c
④ d
⑤ e
⑥ f
⑦ g
⑧ h
⑨ i
⑩ j
⑪ k
⑫ l
⑬ m
⑭ n
⑮ o
⑯ p
⑰ q
⑱ r
⑲ s
⑳ t
㉑ u
㉒ v
㉓ w
㉔ x
㉕ y
㉖ z

ヒント

bとdのように、形の似《に》ているアルファベットがいくつかあるね。

# ★英語を書くときのルール★

英語を書くときは、日本語とはちがうルールがいくつかあります。
次からのページで英語を書くときは、ここで学ぶことに気をつけましょう。

## ① 単語《たんご》の中の文字どうしはくっつけて書き、単語どうしははなして書く！

Good morning. I'm Saori.

Ｇｏｏｄのように、１文字１文字がはなれないようにしよう。

↑ 単語と単語の間は、少しあけるよ。

↑ 文と文の間は、１文字程度あけるよ。

## ② 文の最初《さいしょ》の文字は大文字で書く！

Good morning.

× good morning.

Yes, I do.

I は文のどこでも大文字だよ。

### ▶以《い》下《か》のような単語は文のどこでも大文字で始めます。

人の名前
Olivia

国名
Japan

地名
Osaka

## ③ 文の終わりにはピリオド（.）をつける！

Nice to meet you.

Good idea!

強調するときなどに使うエクスクラメーションマーク（!）をつけるときは ピリオドはなくてよいよ。

## ④ たずねる文の終わりには、ピリオドのかわりにクエスチョンマーク（?）をつける！

How are you?

× How are you.

## ⑤ 単語の間にはコンマ（,）をつけることがある！

Yes, it is.

Yes や No のあとにはコンマ（,）を入れるよ。

# ★数字を表す英語のルール★

トラック0

ものの個数や値段《ねだん》、年れいを表す数字と、日づけなどに使う数字の２通りを知っておきましょう。

### ▶ものの個数や値段、年れいを表す数字

| | | | | |
|---|---|---|---|---|
| 1<br>one | 2<br>two | 3<br>three | 4<br>four | 5<br>five |
| 6<br>six | 7<br>seven | 8<br>eight | 9<br>nine | 10<br>ten |
| 11<br>eleven | 12<br>twelve | 13<br>thirteen | 14<br>fourteen | 15<br>fifteen |
| 16<br>sixteen | 17<br>seventeen | 18<br>eighteen | 19<br>nineteen | 20<br>twenty |
| 21<br>twenty-one | 22<br>twenty-two | 23<br>twenty-three | 24<br>twenty-four | 25<br>twenty-five |
| 26<br>twenty-six | 27<br>twenty-seven | 28<br>twenty-eight | 29<br>twenty-nine | 30<br>thirty |
| 40<br>forty | 50<br>fifty | 60<br>sixty | 70<br>seventy | 80<br>eighty |
| 90<br>ninety | 100<br>one hundred | | | |

（例） three apples（3つのりんご）

### ▶日づけを表す数字

| | | | | | | |
|---|---|---|---|---|---|---|
| 1st<br>first | 2nd<br>second | 3rd<br>third | 4th<br>fourth | 5th<br>fifth | 6th<br>sixth | 7th<br>seventh |
| 8th<br>eighth | 9th<br>ninth | 10th<br>tenth | 11th<br>eleventh | 12th<br>twelfth | 13th<br>thirteenth | 14th<br>fourteenth |
| 15th<br>fifteenth | 16th<br>sixteenth | 17th<br>seventeenth | 18th<br>eighteenth | 19th<br>nineteenth | 20th<br>twentieth | 21st<br>twenty-<br>first |
| 22nd<br>twenty-<br>second | 23rd<br>twenty-<br>third | 24th<br>twenty-<br>fourth | 25th<br>twenty-<br>fifth | 26th<br>twenty-<br>sixth | 27th<br>twenty-<br>seventh | 28th<br>twenty-<br>eighth |
| 29th<br>twenty-<br>ninth | 30th<br>thirtieth | 31st<br>thirty-<br>first | | | | |

（例） My birthday is April 1st.
（わたしの誕生日《たんじょうび》は4月1日です。）

ぴったり1 準備

3分でまとめ

# Unit 1 自己《じこ》しょうかいをしよう①

学習日　月　日

めあて
名前のつづりについてのやりとりができるようになろう。

## 自己しょうかいのしかた

ききトリ 音声を聞き、声に出してみましょう。　トラック1〜2

**Hi《ハイ》, I'm《アイム》 Sakura《サクラ》.**
こんにちは、わたしはサクラです。

**How《ハウ》 do《ドゥ》 you《ユー》 spell《スペル》 your《ユア》 name《ネイム》?**
あなたの名前はどうつづるのですか。

**S《エス》-a《エイ》-k《ケイ》-u《ユー》-r《アール》-a《エイ》. Sakura《サクラ》.**
S-a-k-u-r-aです。　Sakuraです。

せつめい
つたえる　I'm ～.で、「わたしは～です。」と自分の名前を伝えることができます。
たずねる　名前のつづりをたずねるときは、How do you spell your name? で、「あなたの名前はどうつづるのですか。」と表します。
こたえる　名前のつづりを答えるときは、アルファベットを１文字ずつ言っていきます。

ききトリ 音声を聞き、英語の言葉を言いかえて、文を読んでみましょう。　トラック3〜4

How do you spell your name?

S-a-k-u-r-a. Sakura .

いいかえよう　名前を表す英語

□Kai（カイ）

□Hana（ハナ）

□Riku（リク）

□Emma（エマ）

□Kevin（ケビン）

□Mary（メアリー）

□Jane（ジェーン）　□Jimmy（ジミー）　□Karen（カレン）

ワンポイント
日本人の名前はヘボン式のローマ字が使われるよ。shi, chi, tsu, fuなどの書き方に注意しよう。

ぴったり2

# 練習

学習日　　月　　日

**ぴったりクイズ** 答えはこのページの下にあるよ！

日本人の名前の伝え方は「名字→名前」と「名前→名字」の2通りがあるけど、日本のパスポートに日本人の名前を入れるときは、どちらになるかわかるかな？

## かきトリ 英語をなぞり、声に出してみましょう。

できたらチェック！ 書く 話す

□ジミー
Jimmy

□エマ
Emma

□ジェーン
Jane

□カレン
Karen

□ケビン
Kevin

□メアリー
Mary

□あなたの名前はどうつづるのですか。
How do you spell your name?

□S-a-k-u-r-aです。Sakuraです。
S-a-k-u-r-a. Sakura.

□こんにちは、わたしはサクラです。
Hi, I'm Sakura.

**ヒント**
名前は大文字で書き始めよう。

▶読み方がわからないときは、左ページにもどって音声を聞いてみましょう。

## やりトリ 自分の名前のつづりを書いて、声に出してみましょう。

できたらチェック！ 書く 話す

How do you spell your name?

__________.

__________.

**つたえるコツ**
つづりを答えるときはアルファベットをゆっくり・はっきり言うようにしよう。
FとS、MとNなどはとくに気をつけよう。

▶あてはめる英語は、左のページや付録の小冊子、教科書や辞書などから探してみよう！

答える練習ができたら、次は誰かに質問してみよう！

**ぴったりクイズの答え** パスポートには「名字→名前」の順で入れることが決まっているよ。

ぴったり1 準備

# Unit 1 自己《じこ》しょうかいをしよう②

学習日　　月　　日

めあて
自分のことを相手に伝えることができるようになろう。

## 自分のことの伝え方

ききトリ 音声を聞き、声に出してみましょう。　トラック5～6

**My《マイ》 name《ネイム》 is《イズ》 Kai《カイ》.**
わたしの名前はカイです。

**Nice《ナイス》 to《トゥ》 meet you《ミートユ》.**
あなたに会えてうれしいです。

**I《アイ》 like《ライク》 red《レッド》.**
わたしは赤が好きです。

せつめい つたえる　My name is ～.で「わたしの名前は～です。」と伝えることができます。「～」には名前が入ります。Nice to meet you.は「あなたに会えてうれしいです。」と、気持ちを伝えるのに使います。I like ～.は「わたしは～が好きです。」と、好きなものを伝えるときに使います。この「～」には好きなものが入ります。

ききトリ 音声を聞き、英語の言葉を言いかえて、文を読んでみましょう。　トラック7～10

**My name is Kai. Nice to meet you.**

いいかえよう　自分の名前を表す英語

- □Karen Clark（カレン・クラーク）
- □Raul Alonso（ラウル・アロンソ）
- □Kim Soyeon（キム・ソヨン）
- □Ahmed Hashim（アフマド・ハシム）

**I like red.**

いいかえよう　好きなものを表す英語

- □blue（青）

- □pink（ピンク）

- □apples（リンゴ）

- □spaghetti（スパゲッティ）

- □green（緑）

- □yellow（黄色）

- □bananas（バナナ）

- □cherries（サクランボ）

- □soccer（サッカー）
- □basketball（バスケットボール）
- □dogs（イヌ）
- □cats（ネコ）

これを知ったらワンダフル！
I'm ～. は気軽な場面で使うことが多いのに対し、My name is ～. はややかしこまった場面で使うことが多いよ。

ワンポイント
I like ～. の～には、「色」や「食べ物」だけでなく、「教科」や「スポーツ」、「映画」や「本」などいろんな言葉を入れることができるよ。

ぴったり2

# 練習

学習日　　月　　日

**ぴったりクイズ** 答えはこのページの下にあるよ！

色を表す単語のなかに、「環境《かんきょう》にやさしい」という意味もある語があるよ。どれかわかるかな？

## かきトリ　英語をなぞり、声に出してみましょう。

できたらチェック！　書く　話す

□青
blue

□ピンク
pink

□黄色
yellow

□緑
green

□リンゴ
apples

□スパゲッティ
spaghetti

□バナナ
bananas

□わたしの名前はカイです。
My name is Kai.

□あなたに会えてうれしいです。
Nice to meet you.

□わたしは赤が好きです。
I like red.

**ヒント**
blue は e で終わることに注意しよう。spaghetti の h を忘れないように書こうね。

▶読み方がわからないときは、左ページにもどって音声を聞いてみましょう。

## やりトリ　自分の名前と好きなものを書いて、声に出してみましょう。

できたらチェック！　書く　話す

My name is ______.

I like ______.

**つたえるコツ**
相手に伝えたい部分を強く発音しよう。最初の文は name と「自分の名前」を、2つ目の文は like と「好きなもの」を強く言うといいよ。

▶あてはめる英語は、左のページや付録の小冊子、教科書や辞書などから探してみよう！

練習ができたら、次は誰かに伝えてみよう！

**ぴったりクイズの答え**
「環境にやさしい」という意味があるのはgreenだよ。
「緑」は自然の色だね。

ぴったり3
# 確かめのテスト

## Unit 1
## 自《じ》己《こ》しょうかいをしよう①～②

時間 30 分
／100
合格 80 点

答え 2ページ

**1** 音声の内容に合う絵を、下の㋐～㋒から選び、(　　)に記号を書きましょう。

トラック11

技能 1問5点(10点)

㋐

㋑

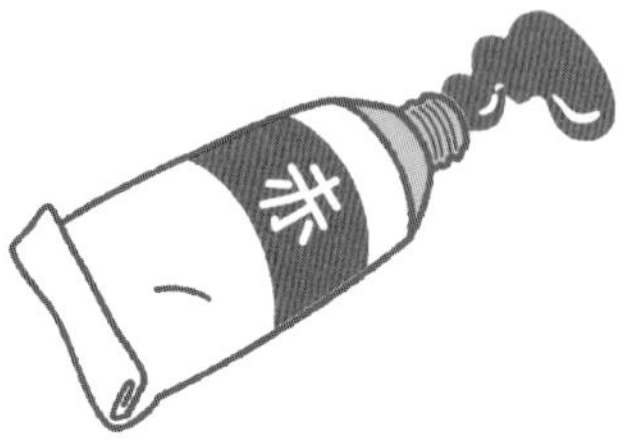


㋒

(1) (　　　　)　(2) (　　　　)

**2** 音声を聞いて、内容に合う絵を線で結びましょう。

トラック12

1問15点(45点)

(1)

Ken

(2)

Kevin

(3)

Yuki

ふりかえり ❷が分からないときは、10, 11ページにもどって確認《かくにん》してみよう。

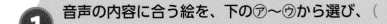

**3** 日本文に合う英語の文になるように、[　　　]の中から語を選び、[　　　]に書き、文全体をなぞりましょう。文の最初の文字は大文字で書きましょう。

1つ5点(25点)

(1) こんにちは、わたしはヒロシです。

[　　　], I'm Hiroshi.

(2) わたしはリンゴが好きです。

I [　　　] [　　　].

(3) あなたの名前はどうつづるのですか。

[　　　] do you [　　　] your name?

apples　hi　like　how　spell

**4** 絵の内容に合うように、[　　　]の中から語句を選び、[　　　]に書き、文全体をなぞりましょう。

思考・判断・表現　1問20点

Mary

Hi, I'm Mary.

I [　　　　　　　　　　].

like running　like swimming

ぴったり1 準備

3分でまとめ

# Unit 2
# 好きな教科とふだんすることについて話そう①

学習日　月　日

めあて
好きな教科についてのやりとりができるようになろう。

## 好きな教科のたずね方／答え方

ききトリ　音声を聞き、声に出してみましょう。　トラック13～14

What《(フ)ワット》 subject《サブジェクト》 do《ドゥ》 you《ユー》 like《ライク》?
あなたの好きな教科は何ですか。

I《アイ》 like《ライク》 math《マス》.
わたしは算数が好きです。

せつめい

たずねる　好きな教科を聞くときは、What subject do you like?で「あなたの好きな教科は何ですか。」と表します。

こたえる　答えるときは、〈I like＋～.〉で「私は～(教科)が好きです。」と表します。

ききトリ　音声を聞き、英語の言葉を言いかえて、文を読んでみましょう。　トラック15～16

What subject do you like?

I like **math**.

いいかえよう　教科を表す英語

□English
（英語）

□Japanese
（国語）

□science
（理科）

□social studies
（社会）

□music
（音楽）

□P. E.
（体育）

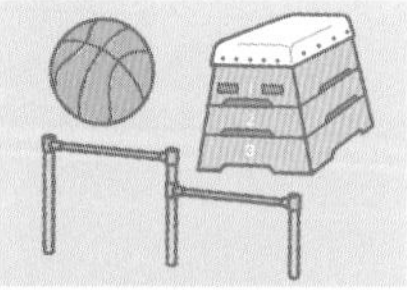

□calligraphy
（書写）

□arts and crafts
（図工）

□home economics
（家庭科）

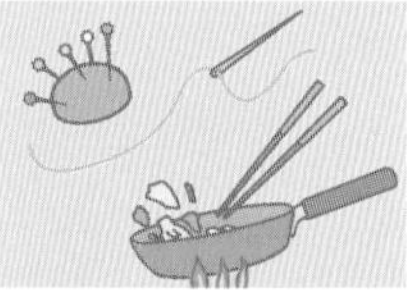

ワンポイント
国語や英語は最初の文字が大文字になることに注意しよう。

これを知ったら ワンダフル!
体育を表すP.E.はphysical education［フィズィカル エヂュケイション］を短くした形だよ。

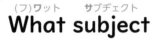

ぴったり2

# 練習

学習日　月　日

**ぴったりクイズ** 答えはこのページの下にあるよ！

math「算数」は実は長い語を短くした形なんだよ。長い語はなんて言うかわかるかな。

## かきトリ 英語をなぞり、声に出してみましょう。

できたらチェック！ 書く □ 話す □

□算数
math

□書写
calligraphy

□体育
P. E.

□理科
science

□社会
social studies

□国語
Japanese

□英語
English

□家庭科
home economics

□図工
arts and crafts

□あなたの好きな教科は何ですか。
What subject do you like?

□わたしは算数が好きです。
I like math.

▶読み方がわからないときは、左ページにもどって音声を聞いてみましょう。

## やりトリ 自分の好きな教科を書いて、声に出してみましょう。

できたらチェック！ 書く □ 話す □

What subject do you like?

I like ＿＿＿＿＿＿＿＿.

**つたえるコツ**

好きな教科名を強く言おう。好きと言う気持ちを明るい声や笑顔など、体全体で表すようにして、自信をもって言おう。

▶あてはめる英語は、左のページや付録の小冊子、教科書や辞書などから探してみよう！

答える練習ができたら、次は誰かに質問してみよう！

**ぴったりクイズの答え**

mathの長い形はmathematics［マセマティックス］と言うよ。

ぴったり1 準備

# Unit 2 好きな教科とふだんすることについて話そう②

学習日　　月　　日

めあて
時間わりについてのやりとりができるようになろう。

## 時間わりのたずね方／答え方

ききトリ 音声を聞き、声に出してみましょう。　トラック17～18

What《(フ)ワット》 do《ドゥ》 you《ユー》 have《ハヴ》 on《ア(ー)ン》 Monday《マンデイ》?
あなたは月曜日に何がありますか。

I《アイ》 have《ハヴ》 science《サイエンス》 on《ア(ー)ン》 Monday《マンデイ》.
月曜日に理科があります。

せつめい
たずねる　何曜日に何(の授業)があるか聞くときは、**What do you have on ～?**で「あなたは～(曜日)に何(の授業)がありますか。」と表します。
こたえる　答えは、**I have ～ on ….**で「…曜日に～(教科)があります。」となります。

ききトリ 音声を聞き、英語の言葉を言いかえて、文を読んでみましょう。　トラック19～20

What do you have on **Monday** ?

いいかえよう　曜日を表す英語

□Tuesday
(火曜日)

□Wednesday
(水曜日)

□Thursday
(木曜日)

□Friday
(金曜日)

□Saturday
(土曜日)

□Sunday
(日曜日)

I have science on Monday.

ワンポイント
Tuesday[**トゥ**ースデイ]、Wednesday[**ウェ**ンズデイ]、Thursday[**サー**ズデイ]の発音に注意しよう。

これを知ったらワンダフル!
曜日を表す語の後ろにsをつけると、「毎週〇曜日に」という意味になるよ。
on Sundaysなら「毎週日曜日に」だね。

# 練習

学習日　　月　　日

**?ぴったりクイズ** 答えはこのページの下にあるよ！

今回は曜日を表す英語を習ったけど、「週、一週間」のことはなんて言うか知ってるかな。

## かきトリ 英語をなぞり、声に出してみましょう。

できたらチェック！ 書く □ 話す □

□日曜日
Sunday

□月曜日
Monday

□火曜日
Tuesday

□水曜日
Wednesday

□木曜日
Thursday

□金曜日
Friday

□土曜日
Saturday

□ あなたは月曜日に何がありますか。
What do you have on Monday?

□月曜日に理科があります。
I have science on Monday.

▶読み方がわからないときは、左ページにもどって音声を聞いてみましょう。

## やりトリ 月曜日にある教科を書いて、声に出してみましょう。

できたらチェック！ 書く □ 話す □

What do you have on Monday?

I have ＿＿＿＿＿＿＿＿ on Monday.

**つたえるコツ**

教科を強く言おう。
教科を２つ言うときはand、３つ以上のときはコンマ(,)でつなげて最後にandを使おう。

▶あてはめる英語は、左のページや付録の小冊子、教科書や辞書などから探してみよう！

答える練習ができたら、次は誰かに質問してみよう！

**ぴったりクイズの答え**
「週、一週間」はweek[**ウィ**ーク]と言うよ。ゴールデンウィークなどでよく聞いている言葉だね。

ぴったり1 **準備**

# Unit 2
# 好きな教科とふだんすることについて話そう③

学習日　　月　　日

めあて
自分がふだんすることを伝えることができるようになろう。

## ふだんすることの伝え方

**ききトリ** 音声を聞き、声に出してみましょう。　トラック21～22

I《アイ》 play《プレイ》 baseball《ベイスボール》 on《ア(ー)ン》 Mondays《マンデイズ》.
わたしは毎週月曜日に野球をします。

**せつめい** **つたえる** I ～ on Mondays.で「わたしは毎週月曜日に～します。」と伝えることができます。この「～」には**play baseball**(野球をする)など、ふだんすることが入ります。また**Mondays**の代わりに別の曜日を入れることもできます。

**ききトリ** 音声を聞き、英語の言葉を言いかえて、文を読んでみましょう。　トラック23～24

I **play baseball** on Mondays.

**いいかえよう** ふだんすることを表す言葉①

□play soccer
(サッカーをする)

□clean my room
(部屋をそうじする)

□go to the park
(公園に行く)

□play the piano
(ピアノをひく)

□play tennis
(テニスをする)

□go swimming
(泳ぎに行く)

□study English
(英語を勉強する)

□do my homework
(宿題をする)

□watch TV
(テレビを見る)

**ワンポイント**
playには、「(スポーツ)をする」という意味と、play the ～ で「(楽器)をひく」という意味があるよ。

▶ 小冊子のp.24～25で、もっと言葉や表現を学ぼう！

ぴったり2

# 練習

学習日　　月　　日

**ぴったりクイズ** 答えはこのページの下にあるよ！

「将《しょう》棋《ぎ》(*shogi*)をする」は、英語でなんと言うか分かるかな？

## かきトリ 英語をなぞり、声に出してみましょう。

できたらチェック！　書く　話す

□ピアノをひく

play the piano

□部屋をそうじする

clean my room

□テレビを見る

watch TV

□公園に行く

go to the park

□宿題をする

do my homework

□泳ぎに行く

go swimming

□わたしは毎週月曜日に野球をします。

I play baseball on Mondays.

□わたしは毎週日曜日に公園に行きます。

I go to the park on Sundays.

**ヒント**

TVは大文字で書くようにしよう。

▶読み方がわからないときは、左ページにもどって音声を聞いてみましょう。

## やりトリ 月曜日にしていることを書いて、声に出してみましょう。

できたらチェック！　書く　話す

I ____________________

on Mondays.

**つたえるコツ**

毎週決まった曜日にしていることを考えよう。
文の最後は下がり調子で言うようにしよう。

▶あてはめる英語は、左のページや付録の小冊子、教科書や辞書などから探してみよう！

練習ができたら、次は誰かに伝えてみよう！

**ぴったりクイズの答え**

「将棋をする」はplay *shogi*と言うよ。
「(ゲーム)をする」も、playを使って表すよ。

ぴったり3

# 確かめのテスト

# Unit 2
# 好きな教科とふだんすることについて話そう①～③

時間 30 分

／100

合格 80 点

答え 3ページ

## 1 音声の内容に合う絵を、下の㋐～㋒から選び、(　　　)に記号を書きましょう。

トラック25

技能 1問10点(20点)

㋐

㋑

㋒

(1) (　　　)　(2) (　　　)

## 2 音声を聞いて、内容に合う絵を線で結びましょう。

トラック26

1問10点(30点)

(1)

Yuki

(2)

Emma

(3)

Kevin

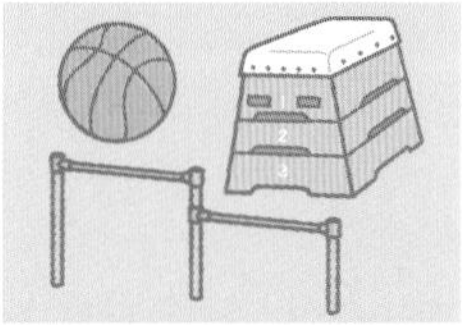

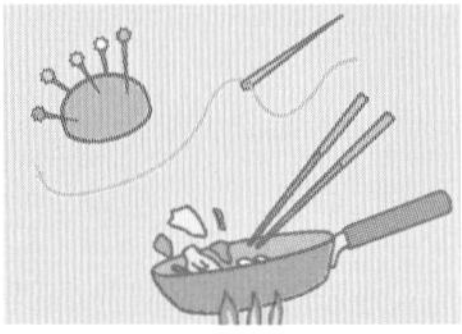

ふりかえり ❷が分からないときは、14, 15ページにもどって確認《かくにん》してみよう。

## 3

日本文に合う英語の文になるように、［　　］の中から語を選び、［　　］に書き、文全体をなぞりましょう。２回使う語もあります。文の最初の文字は大文字で書きましょう。

1つ5点（20点）

(1) 金曜日は何（の教科）がありますか。

［　　　　］ do you have on

［　　　　］ ?

(2) 金曜日に英語があります。

I have ［　　　　］ on ［　　　　］.

English　　what　　Friday

## 4

絵の中の女の子になったつもりで、日記を書きましょう。［　　］の中から語を選び、［　　］に書き、文全体をなぞりましょう。

思考・判断・表現　1問完答15点（30点）

(1) I like ［　　　　］.

(2) I have ［　　　　］ on ［　　　　］.

music　　math　　Tuesday　　Wednesday

ぴったり1 準備

3分でまとめ

# Unit 3 誕生《たんじょう》日《び》について話そう①

学習日　　月　　日

めあて
誕生日についてのやりとりができるようになろう。

## 誕生日のたずね方／答え方

きき トリ 音声を聞き、声に出してみましょう。　トラック27～28

**When's《(フ)ウェンズ》 your《ユア》 birthday《バースデイ》?**
あなたの誕生日はいつですか。

**My《マイ》 birthday《バースデイ》 is《イズ》 January《チャニュエリィ》 1st《ファースト》.**
わたしの誕生日は1月1日です。

せつめい

たずねる　誕生日をたずねるときは、When's your birthday? で「あなたの誕生日はいつですか。」となります。

こたえる　答えは、〈My birthday is＋月を表す語＋順番を表す語.〉で「わたしの誕生日は○月△日です。」と表します。

きき トリ 音声を聞き、英語の言葉を言いかえて、文を読んでみましょう。　トラック29～30

When's your birthday?

My birthday is January 1st.

いいかえよう　月を表す英語

| | | | |
|---|---|---|---|
| □January（１月） | □February（２月） | □March（３月） | □April（４月） |
| □May（５月） | □June（６月） | □July（７月） | □August（８月） |
| □September（９月） | □October（10月） | □November（11月） | □December（12月） |

ワンポイント
月を表す英語は全て、最初の文字を大文字で表すよ。

これを知ったらワンダフル！
月を表す英語を書くときはそれぞれJan. Feb. Mar. のように「最初の３文字＋ピリオド」だけで表すことができるよ。ただし、Septemberだけは Sep.だけでなく、Sept.と４文字で表すこともできるよ。

ぴったり2

# 練習

学習日　　月　　日

? ぴったりクイズ　答えはこのページの下にあるよ！

日本語では、日付を「年・月・日」の順で表すことがほとんどだけど、英語ではどのような順番か知ってるかな？

## かきトリ　英語をなぞり、声に出してみましょう。

できたらチェック！　書く　話す

□1月　January

□2月　February

□3月　March

□4月　April

□5月　May

□6月　June

□7月　July

□8月　August

□9月　September

□10月　October

□11月　November

□12月　December

□あなたの誕生日はいつですか。

When's your birthday?

□わたしの誕生日は1月1日です。

My birthday is January 1st.

▶読み方がわからないときは、左ページにもどって音声を聞いてみましょう。

## やりトリ　自分の誕生日を書いて、声に出してみましょう。

できたらチェック！　書く　話す

When's your birthday?

My birthday is ＿＿＿＿＿＿＿＿.

**つたえるコツ**

順番を表す英語を使って日にちを言うときは、アクセント(音の強弱)に注意しよう。

▶あてはめる英語は、左のページや付録の小冊子、教科書や辞書などから探してみよう！

答える練習ができたら、次は誰かに質問してみよう！

**ぴったりクイズの答え**

アメリカ英語では「月・日・年」の順番、イギリス英語では「日・月・年」の順番で表すことが多いよ。

ぴったり１ 準備

# Unit 3
# 誕生日《たんじょうび》について話そう②

学習日　　月　　日

めあて
誕生日にほしいもののやりとりができるようになろう。

## 誕生日にほしいもののたずね方／伝え方

ききトリ　音声を聞き、声に出してみましょう。　トラック31～32

**What《(フ)ワット》 do《ドゥー》 you《ユー》 want《ワ(ー)ント》 for《フォー》 your《ユア》 birthday《バースデイ》?**
あなたは誕生日に何がほしいですか。

**I《アイ》 want《ワ(ー)ント》 gloves《グラヴス》.**
わたしは手ぶくろがほしいです。

せつめい
たずねる　誕生日にほしいものをたずねるときは、What do you want for your birthday?「あなたは誕生日に何がほしいですか。」となります。
こたえる　答え方は〈I want ～(ほしいものの名前).〉「私は～がほしいです。」とします。

ききトリ　音声を聞き、英語の言葉を言いかえて、文を読んでみましょう。　トラック33～34

**What do you want for your birthday?**

**I want gloves .**

いいかえよう　ほしいものを表す英語

| | | |
|---|---|---|
| □a dog<br>（イヌ）<br> | □a cap<br>（ぼうし）<br>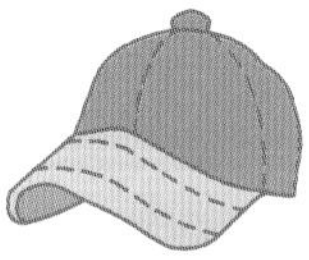 | □shoes<br>（くつ）<br> |
| □a bag<br>（かばん）<br> | □a soccer ball<br>（サッカーボール）<br> | □a sweater<br>（セーター）<br> |
| □an umbrella<br>（かさ）<br> | □a watch<br>（うで時計）<br> | □books<br>（何さつかの本）<br> |

ワンポイント
「1つの、1ぴきの」と表すときはaをつけるよ。umbrellaのように最初の文字の音が「ア・イ・ウ・エ・オ」のどれかになるときには、anをつけるよ。gloves(手ぶくろ)は2つで1組なので、後ろにsがつくんだよ。

これを知ったらワンダフル！
sweaterのeaは、「エ」と短く読もう。先生(teacher)のeaは、「イー」と長く読むので、気をつけよう！

ぴったり2
# 練習

学習日　　月　　日

**ぴったりクイズ** 答えはこのページの下にあるよ！

うで時計はwatchだけど、置き時計やかけ時計など、身につけたり持ち運びをしたりしない時計をなんと言うかな？

## かきトリ 英語をなぞり、声に出してみましょう。

できたらチェック！ 書く 話す

□かばん
a bag

□何さつかの本
books

□ぼうし
a cap

□うで時計
a watch

□くつ
shoes

□サッカーボール
a soccer ball

□かさ
an umbrella

□セーター
a sweater

□イヌ
a dog

□あなたは誕生日に何がほしいですか。
What do you want for your birthday?

□わたしは手ぶくろがほしいです。
I want gloves.

▶読み方がわからないときは、左ページにもどって音声を聞いてみましょう。

## やりトリ 誕生日にほしいものを書いて、声に出してみよう。

できたらチェック！ 書く 話す

What do you want for your birthday?

I want ＿＿＿＿＿＿＿＿.

**つたえるコツ**

左ページのワンポイントをよく読んで、ほしいものにaとanのどちらがつくかに注意しよう。

▶あてはめる英語は、左のページや付録の小冊子、教科書や辞書などから探してみよう！

答える練習ができたら、次は誰かに質問してみよう！

**ぴったりクイズの答え** 置き時計やかけ時計は英語でclock［クラ（ー）ック］だよ。

ぴったり1 準備

# Unit 3
# 誕生《たんじょう》日《び》について話そう③

学習日　　月　　日

めあて
ほしいものについてのやりとりができるようになろう。

## ほしいものの伝え方、ものを手わたすときの伝え方

ききトリ　音声を聞き、声に出してみましょう。　トラック35～36

**I《アイ》 want《ワ(ー)ント》 gloves《グラヴス》.**
わたしは手ぶくろがほしいです。

**Thank《サンク》 you《ユー》.**
ありがとう。

**Here《ヒア》 you《ユー》 are《アー》.**
さあどうぞ。

せつめい　つたえる　前のページで習ったように、ほしいものを伝えるときは〈I want ～(ほしいものの名前).〉「わたしは～がほしいです。」と言います。人にものを手わたすときに使うのは、Here you are.「さあどうぞ。」という表現です。それに対してThank you.「ありがとう。」とお礼を言いましょう。

ききトリ　音声を聞き、英語の言葉を言いかえて、文を読んでみましょう。　トラック37～38

**I want gloves .**

いいかえよう　ほしいものを表す英語

□a notebook（ノート）

□a cat（ネコ）

□an apron（エプロン）

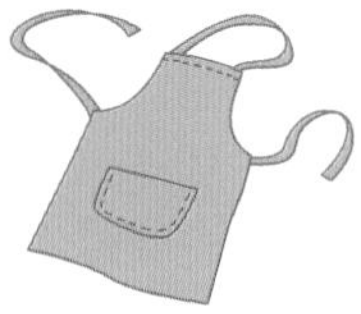

□socks（くつ下）

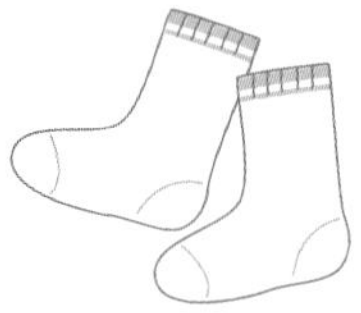

□a new cup（新しいカップ）

□a bicycle（自転車）

ワンポイント
手ぶくろ(gloves)と同じように、くつ下(socks)も2つで1足と数えるので、「1つの」という意味のaやanをつけずに、sockの後ろにsがつくんだよ。

これを知ったらワンダフル!
Here you are.はものを手わたすときの表現で、Here you go.という表現もあるよ。こちらも同じく「はいどうぞ。」「こちらです。」という意味を表すけど、Here you are.の方がていねいな言い方なんだよ。

ぴったり2

# 練習

学習日　　月　　日

**?ぴったりクイズ**　答えはこのページの下にあるよ！

手ぶくろは指の部分が５つに分かれているものをglovesと言うけど、親指だけが分かれている手ぶくろはなんと言うかな？

## かきトリ　英語をなぞり、声に出してみましょう。

できたらチェック！　書く□　話す□

□エプロン　an apron

□くつ下　socks

□ノート　a notebook

□ネコ　a cat

□自転車　a bicycle

□新しいカップ　a new cup

□わたしは手ぶくろがほしいです。

I want gloves.

□さあどうぞ。

Here you are.

□ありがとう。

Thank you.

▶読み方がわからないときは、左ページにもどって音声を聞いてみましょう。

## やりトリ　ほしいものを書いて、声に出してみましょう。

できたらチェック！　書く□　話す□

I want ＿＿＿＿＿＿＿＿＿＿.

Thank you.

Here you are.

**つたえるコツ**

相手からものをもらったときは、心をこめてお礼を言うことが大事だよね。英語でもありがとうと言えるように練習しよう。

▶あてはめる英語は、左のページや付録の小冊子、教科書や辞書などから探してみよう！

練習ができたら、次は誰かに伝えてみよう！

**ぴったりクイズの答え**

mittens［ミトゥンズ］と言うよ。日本語でもミトンと言うね。

# Unit 3
# 誕生《たんじょう》日《び》について話そう①〜③

時間 30 分

／100

合格 80 点

答え 4ページ

## 1 音声の内容に合う絵を、下の㋐〜㋒から選び、(　　)に記号を書きましょう。

トラック39

技能 1問5点(10点)

㋐

㋑

㋒

(1) (　　　　)　(2) (　　　　)

## 2 音声を聞いて、内容に合う絵を線で結びましょう。

トラック40

1問完答15点(45点)

(1)

Yuki

(2)

Mr. Smith

(3)

Kevin

1/23

3/23

10/20

12/12

ふりかえり ❷が分からないときは、22, 24, 26ページにもどって確認《かくにん》してみよう。

**3** 日本文に合う英語の文になるように、［　］の中から語を選び、［　］に書き、文全体をなぞりましょう。２回使う語もあります。文の最初の文字は大文字で書きましょう。

1つ5点（25点）

(1) あなたの誕生《たんじょう》日《び》はいつですか。

［　　　　］ your birthday?

(2) わたしの誕生日は8月１日です。

My ［　　　　］ is ［　　　　］ 1st.

(3) わたしの誕生日は７月13日です。

My ［　　　　］ is ［　　　　］ 13th.

birthday　　when's　　August　　July

**4** 絵の中の男の子になったつもりで、質問に答えましょう。［　］の中から語句を選び、［　］に書き、文全体をなぞりましょう。

思考・判断・表現　1問10点（20点）

When's your birthday?

(1) My birthday is ［　　　　］.

What do you want for your birthday?

(2) I want ［　　　　］.

March 5th　　a new cap

April 5th　　a new cup

ぴったり1 準備

3分でまとめ

# Unit 4 一日の生活について話そう①

学習日　　月　　日

めあて
時間についてのやりとりができるようになろう。

## 時間のたずね方 / 答え方

ききトリ　音声を聞き、声に出してみましょう。　トラック41～42

**What《(フ)ワット》 time《タイム》 is it《イズイット》?**
何時ですか。

**It's《イッツ》 eight《エイト》 o'clock《オクラ(ー)ック》.**
8時です。

せつめい
たずねる　**What time is it?**で「何時ですか。」と時間をたずねることができます。
こたえる　**It's ～.** で「～時です。」と答えることができます。この「～」には時間を表す言葉が入ります。**o'clock**は分を言わないときに使いますが、省略《しょうりゃく》することもできます。

ききトリ　音声を聞き、英語の言葉を言いかえて、文を読んでみましょう。　トラック43～44

**What time is it?**

**It's eight o'clock.**

いいかえよう　時間を表す英語

□six o'clock
(6時)

□seven fifteen
(7時15分)

□eight forty-five
(8時45分)

□three thirty
(3時30分)

□ten a.m.
(午前10時)

□five p.m.
(午後5時)

ワンポイント
「分」まで答えるときはo'clockは使わずに、数字を続けてseven fifteen「7時15分」のように言うよ。

これを知ったらワンダフル!
数字のあとに午前a.m.もしくはin the morningや午後p.m.もしくはin the afternoonをつけて答えると親切だよ。

ぴったり2

# 練習

学習日　月　日

**ぴったりクイズ** 答えはこのページの下にあるよ！

o’clockの「’」はなんという記号か分かるかな？

## かきトリ 英語をなぞり、声に出してみましょう。

できたらチェック！ 書く □ 話す □

□6時

six o’clock

□7時15分

seven fifteen

□3時30分

three thirty

□午前10時

ten a.m.

□午後5時

five p.m.

□何時ですか。

What time is it?

□8時です。

It’s eight o’clock.

**ヒント**

「半」は「30分」のこと。「5時半」は five thirty と言うよ。少し難《むずか》しいけれど half past five という言い方もあるよ。

▶読み方がわからないときは、左ページにもどって音声を聞いてみましょう。

## やりトリ 今の時間を書いて、声に出してみましょう。

できたらチェック！ 書く □ 話す □

What time is it?

It’s ＿＿＿＿＿＿

＿＿＿＿＿＿.

**つたえるコツ**

時→分の順番で今の時間を伝えてみよう。それから「午前」や「午後」などの英語を付け加えてもいいよ。

答えの文で重要なのは「時間」なので、時間を表す「数字」ははっきり言おう。

答える練習ができたら、次は誰かに質問してみよう！

**ぴったりクイズの答え** o’clockの「’」はアポストロフィーと言うよ。このアポストロフィーは、省略を表しているんだ。o’clockの正式な形は、of the clockだよ。

ぴったり1 準備

# Unit 4 一日の生活について話そう②

学習日　　月　　日

めあて
何時に何をするかのやりとりができるようになろう。

## 何時に何をするかのたずね方 / 答え方

**ききトリ** 音声を聞き、声に出してみましょう。　トラック45～46

**What《(フ)ワット》 time《タイム》 do《ドゥー》 you《ユー》 get《ゲット》 up《アップ》?**
あなたは何時に起きますか。

**I《アイ》 get《ゲット》 up《アップ》 at《アト》 7:00《セヴン》.**
わたしは７時に起きます。

せつめい
たずねる　What time do you ～?で、「あなたは何時に～しますか。」とたずねることができます。 ここの「～」には、get up（起きる）などの動作を表す言葉が入ります。
こたえる　〈I ～＋at＋時こく.〉で、「わたしは○時(△分)に～します。」と表します。ここでは「起きる」時間を答えるので、「～」にはget upが入ります。

**ききトリ** 音声を聞き、英語の言葉を言いかえて、文を読んでみましょう。　トラック47～48

**What time do you get up?**

**I get up at 7:00.**

いいかえよう　動作を表す英語

- □wash my face（顔を洗う）

- □go to school（学校へ行く）

- □eat breakfast（朝食を食べる）

- □get home（家に帰る）

- □do my homework（宿題をする）

- □go to bed（寝《ね》る）

- □brush my teeth（歯をみがく）

- □take a bath（風呂《ふろ》に入る）

- □eat dinner（夕食を食べる）

ワンポイント
7:00は７時を表し、[セヴン]と読むよ。7:15は７時15分を表すよ。[セヴン フィフティーン]と読むよ。

これを知ったらワンダフル!
wash my face、do my homework、brush my teethは、答えたり伝えたりするときの表し方だよ。たずねるときは、それぞれwash your face、do your homework、brush your teethのように表すよ。

小冊子のp.24～25で、もっと言葉や表現を学ぼう！

ぴったり2

# 練習

学習日　　月　　日

**ぴったりクイズ** 答えはこのページの下にあるよ！

時こくを表すときに数字と数字の間に入れる「：」は英語でなんと言うかな？

## がきトリ 英語をなぞり、声に出してみましょう。

できたらチェック！ 書く 話す

□わたしは7時10分に顔を洗います。

I wash my face at 7:10.

□わたしは7時15分に歯をみがきます。

I brush my teeth at 7:15.

□わたしは5時30分に宿題をします。

I do my homework at 5:30.

□わたしは9時に寝ます。

I go to bed at 9:00.

□あなたは何時に起きますか。

What time do you get up?

□わたしは７時に起きます。

I get up at 7:00.

▶読み方がわからないときは、左ページにもどって音声を聞いてみましょう。

## やりトリ 自分が起きる時間を書いて、声に出してみましょう。

できたらチェック！ 書く 話す

What time do you get up?

I get up at ＿＿：＿＿.

**つたえるコツ**

ここでは起きる「時間」をたずねられているので、時間の部分を強く言おう。

▶あてはめる英語は、左のページや付録の小冊子、教科書や辞書などから探してみよう！

答える練習ができたら、次は誰かに質問してみよう！

**ぴったりクイズの答え**

「：」はcolon「コロン」と言うよ。ちなみに「；」という記号はsemicolon「セミコロン」と言うよ。

ぴったり3 確かめのテスト

# Unit 4 一日の生活について話そう①～②

時間 30 分

／100

合格 80 点

答え 5ページ

## 1 音声の内容に合う絵を、下の㋐～㋒から選び、(　　　)に記号を書きましょう。

トラック49

技能 1問10点(20点)

㋐

㋑

㋒

(1) (　　　)　(2) (　　　)

## 2 音声を聞いて、内容に合う絵を線で結びましょう。

トラック50

1問10点(30点)

(1)

Hana

(2)

Jimmy

(3)

Emi

ふりかえり ②が分からないときは、30, 32ページにもどって確認《かくにん》してみよう。

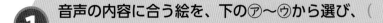

**3** 日本文に合う英語の文になるように、□の中から語を選び、□に書き、文全体をなぞりましょう。２回使う語もあります。

1つ6点(30点)

(1) あなたは何時に宿題をしますか。

What ＿＿＿＿ do you do your homework?

(2) わたしは５時半に宿題をします。

I do ＿＿＿＿ homework ＿＿＿＿ 5:30.

(3) わたしは８時に寝《ね》ます。

I go to ＿＿＿＿ ＿＿＿＿ 8:00.

bed　my　time　at

**4** 日本文に合う英語の文になるように、□の中から語句を選び、□に書き、文全体をなぞりましょう。２回使う語句もあります。文の最初の文字は大文字で書きましょう。

思考・判断・表現　1問完答10点(20点)

(1) あなたは何時に帰宅しますか。

＿＿＿＿ do you ＿＿＿＿?

(2) わたしは4時半に帰宅します。

I ＿＿＿＿ at 4:30.

get home　what time

ぴったり1 準備

# Unit 4 一日の生活について話そう③

学習日　　月　　日

めあて
家でどんな仕事をどの程《てい》度《ど》するかのやりとりができるようになろう。

## どんな仕事をどの程度するかのたずね方 / 答え方

**ききトリ** 音声を聞き、声に出してみましょう。　トラック51〜52

Do《ドゥー》 you《ユー》 help《ヘルプ》 at《アト》 home《ホウム》?
あなたは家で手伝いをしますか。

Yes《イエス》, I《アイ》 do《ドゥー》. はい、(わたしは)します。
I《アイ》 always《オールウェイズ》 walk《ウォーク》 the《ザ》 dog《ド(ー)グ》.
わたしはいつも犬を散歩に連れていきます。

**せつめい**

**たずねる** Do you 〜 at home?で、「あなたは家で〜しますか。」とたずねることができます。ここの「〜」には、help(手伝う)などの動作を表す言葉が入ります。

**こたえる** 「はい。」はYes, I do. で、「いいえ。」はNo, I don't. で答えます。家の仕事をどのくらいするかを伝えるときは、〈I＋程度を表す言葉＋すること〉で表します。

**ききトリ** 音声を聞き、英語の言葉を言いかえて、文を読んでみましょう。　トラック53〜54

「はい、します。わたしはいつも…。」と答えるとき

Yes, I do.  I always walk the dog.

「はい、します。わたしはたいてい…。」と答えるとき

Yes, I do.  I usually walk the dog.

「はい、します。わたしはときどき…。」と答えるとき

Yes, I do.  I sometimes walk the dog.

「いいえ、しません。わたしはまったく…。」と答えるとき

No, I don't.  I never walk the dog.

**ワンポイント**
「いつも」は3回に3回、「たいてい」は3回に2回くらい、「ときどき」は3回に1回くらいの程度を表すよ。

**これを知ったらワンダフル!**
never〜は「まったく〜しない」という意味で、3回のうち0回の程度を表す英語だよ。

ぴったり2

# 練習

学習日　　月　　日

**ぴったりクイズ** 答えはこのページの下にあるよ！

sometimesは「ときどき」という意味の語だけど、後ろのsのない sometimeという語があるんだ。どんな意味だと思う？

## かきトリ　英語をなぞり、声に出してみましょう。

できたらチェック！　書く□　話す□

□いつも
always

□たいてい
usually

□ときどき
sometimes

□まったく～しない
never

**ヒント**
usually は l が 2 回続くことに注意しよう。

□あなたは家で手伝いをしますか。
Do you help at home?

□はい、します。わたしはいつも犬を散歩に連れていきます。
Yes, I do. I always walk the dog.

□いいえ、しません。わたしはまったく犬を散歩に連れていきません。
No, I don't. I never walk the dog.

▶読み方がわからないときは、左ページにもどって音声を聞いてみましょう。

## やりトリ　どの程度犬の散歩に行くか書いて、声に出してみましょう。

できたらチェック！　書く□　話す□

Do you help at home?

Yes, I do. / No, I don't.

I ＿＿＿＿＿＿ walk the dog.

**つたえるコツ**
Yesだけ、Noだけでも伝わるけど、ていねいな言葉づかいで話すために、I do、I don'tの部分までしっかり言うようにしよう。

▶あてはめる英語は、左のページや付録の小冊子、教科書や辞書などから探してみよう！

答える練習ができたら、次は誰かに質問してみよう！

**ぴったりクイズの答え**
sometimeは「いつか、そのうち」という意味だよ。またsome timeという2語だと「少しの間」という意味になるんだよ。

ぴったり1 準備

# Unit 4 一日の生活について話そう④

学習日　　月　　日

めあて
1日の過ごし方を伝えられるようになろう。

## 1日の過ごし方の伝え方

ききトリ 音声を聞き、声に出してみましょう。 トラック55〜56

**After《アフタ》 school《スクール》 I《アイ》 usually《ユージュ(ア)リィ》 do《ドゥー》 my《マイ》 homework《ホウムワーク》.**
わたしはたいてい放課後に宿題をします。

**Then《ゼン》 I《アイ》 play《プレイ》 basketball《バスケットボール》.**
それからわたしはバスケットボールをします。

せつめい つたえる 自分の日課を伝えるときの表現です。ここでは最初に**after school**(放課後)という表現から始め、**I**+動作を表す言葉が続きます。2つ目の文は**then**(それから)という表現から始まり、次にすることが続いています。

ききトリ 音声を聞き、英語の言葉を言いかえて、文を読んでみましょう。 トラック57〜58

**After school I usually do my homework.**
**Then I play basketball.**

いいかえよう 動作を表す英語

□watch TV
(テレビを見る)

□eat lunch
(昼食を食べる)

□feed the dog
(犬にえさをやる)

□play the piano
(ピアノをひく)

□play with my friend(s)
(友だちと遊ぶ)

□clean my room
(部屋をそうじする)

**ワンポイント**
eatの後ろにはdinner「夕食」、snacks「おやつ」、sweets「あまい物」なども入れられるよ。

**これを知ったらワンダフル!**
playには「(スポーツやゲーム)をする」や「遊ぶ」という意味があるけど、このほかに「(楽器)を演奏《えんそう》する」という意味もあるよ。play the piano(ピアノをひく)のように、playの後ろに〈the+楽器名〉が入るよ。

▶ 小冊子のp.24〜25で、もっと言葉や表現を学ぼう！

ぴったり2
# 練習

学習日　　月　　日

?ぴったりクイズ　答えはこのページの下にあるよ！

TVは何を略《りゃく》した言葉か分かるかな？

## かきトリ　英語をなぞり、声に出してみましょう。

できたらチェック！　書く　話す

□友だちと遊ぶ
play with my friends

□昼食を食べる
eat lunch

□ピアノをひく
play the piano

□テレビを見る
watch TV

□部屋をそうじする
clean my room

□犬にえさをやる
feed the dog

□わたしはたいてい放課後に宿題をします。
After school I usually do my homework.

□それからわたしはバスケットボールをします。
Then I play basketball.

▶読み方がわからないときは、左ページにもどって音声を聞いてみましょう。

## やりトリ　自分の1日の過ごし方を書いて、声に出してみましょう。

できたらチェック！　書く　話す

After school I ________.

Then I ________.

▶あてはめる英語は、左のページや付録の小冊子、教科書や辞書などから探してみよう！

**つたえるコツ**

Thenでひと呼吸《こきゅう》して、ゆっくり伝えるようにしよう。

練習ができたら、次は誰かに伝えてみよう！

**ぴったりクイズの答え**　TVはtelevision（テレヴィジョン）の略だよ。

ぴったり3
# 確かめのテスト

# Unit 4 一日の生活について話そう③～④

時間 30 分

／100

合格 80 点

答え 6ページ

## 1 音声の内容に合う絵を、下の㋐～㋒から選び、（　　　）に記号を書きましょう。

トラック59

技能　1問10点（20点）

㋐

㋑

㋒

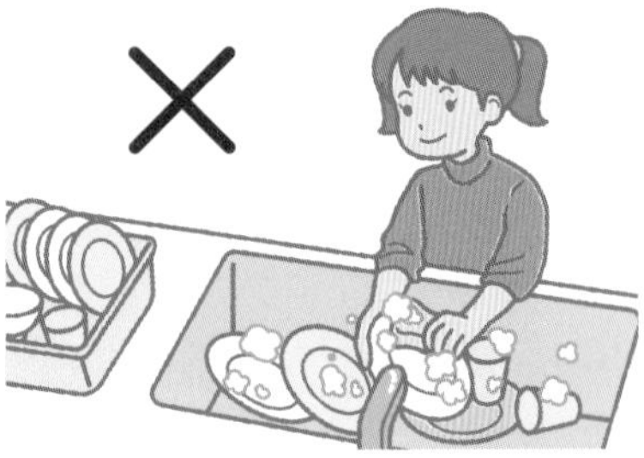

(1)（　　　　　）　(2)（　　　　　）

## 2 音声を聞いて、内容に合う絵を線で結びましょう。

トラック60

1問10点（30点）

(1)

いつも

Emma

(2)

ときどき

Keiko

(3)

まったくしない

Ken

ふりかえり　2が分からないときは、36, 38ページにもどって確認《かくにん》してみよう。

**3** 日本文に合う英語の文になるように、[　]の中から語を選び、[　]に書き、文全体をなぞりましょう。文の最初の文字は大文字で書きましょう。

1つ6点(30点)

(1) わたしは放課後に犬を散歩に連れていきます。

After school I [　　　] the dog.

(2) それからわたしは宿題をします。

[　　　] I [　　　] my homework.

(3) わたしはいつも自分の部屋をそうじをします。

I [　　　] [　　　] my room.

clean　always　walk　then　do

**4** 日本文に合う英語の文になるように、[　]の中から語句を選び、[　]に書き、文全体をなぞりましょう。文の最初の文字は大文字で書きましょう。

思考・判断・表現　1問10点(20点)

あなたは家で手伝いをしますか。

(1) Do you [　　　] ?

いいえ、しません。

(2) [　　　] .

yes, I do　no, I don't
help at home　set the table

この本の終わりにある「夏のチャレンジテスト」をやってみよう！

# Unit 5 できること・できないことについて話そう①

めあて
できることについてのやりとりができるようになろう。

## できることのたずね方／答え方

ききトリ 音声を聞き、声に出してみましょう。 トラック61～62

Can《キャン》 you《ユー》 run《ラン》 fast《ファスト》?
あなたは速く走ることができますか。

Yes《イエス》, I《アイ》 can《キャン》. / No《ノウ》, I《アイ》 can't《キャント》.
はい、できます。/ いいえ、できません。

せつめい たずねる 相手が何かについてできるかどうかを聞くときは、Can you ～?で「あなたは～をすることができますか。」と表します。「～」には動作を表す言葉が入ります。

こたえる 答えるときは、Yes, I can.「はい、できます。」、No, I can't.「いいえ、できません。」のどちらかで表します。

ききトリ 音声を聞き、英語の言葉を言いかえて、文を読んでみましょう。 トラック63～66

Can you run fast ?

いいかえよう 動作を表す英語

□ride a unicycle
（一輪車に乗る）

□ride a bicycle
（自転車に乗る）

□play the guitar
（ギターをひく）

□speak English
（英語を話す）

□sing well
（上手に歌う）

□swim
（泳ぐ）

□cook
（料理する）

□read English books
（英語の本を読む）

Yes, I can. / No, I can't.

これを知ったらワンダフル!
sing wellのwellは「上手に」という意味で、swim well(上手に泳ぐ)、speak English well(上手に英語を話す)など、ほかの言葉でも使うことができるよ。

ワンポイント
YesやNoの後ろには、コンマ( , )が入るよ。日本語の読点(、)のようなはたらきをするよ。

小冊子のp.24～25で、もっと言葉や表現を学ぼう！

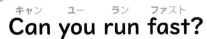

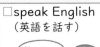

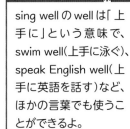

ぴったり2

# 練習

学習日　　月　　日

**?ぴったりクイズ**　答えはこのページの下にあるよ！

unicycleは一輪車、自転車はbicycleで、uniは「1つ」、biは「2つ」、cycleは「輪」を表しているよ。それじゃ三輪車は英語で何と言うか分かるかな？

## かきトリ　英語をなぞり、声に出してみましょう。

できたらチェック！　書く □　話す □

□泳ぐ

swim

□上手に歌う

sing well

□ギターをひく

play the guitar

□英語を話す

speak English

□一輪車に乗る

ride a unicycle

□自転車に乗る

ride a bicycle

□あなたは速く走ることができますか。

Can you run fast?

□はい、できます。

Yes, I can.

□いいえ、できません。

No, I can't.

▶読み方がわからないときは、左ページにもどって音声を聞いてみましょう。

## やりトリ　自分の答えを書いて、声に出してみましょう。

できたらチェック！　書く □　話す □

Can you run fast?

＿＿＿＿＿＿＿＿＿＿＿＿＿＿＿＿.

**つたえるコツ**

YesとNoの後ろにそれぞれある、can、can'tの発音に注意しよう。

▶あてはめる英語は、左のページや付録の小冊子、教科書や辞書などから探してみよう！

答える練習ができたら、次は誰かに質問してみよう！

**ぴったりクイズの答え**　三輪車は英語でtricycle［トゥ**ラ**イスィクル］と言うよ。triは「3つ」を表すので、「3つの輪」で三輪車となるよ。

ぴったり1 準備

学習日　月　日

# Unit 5 できること・できないことについて話そう②

めあて
できることやできないことを、ほかの人に伝えられるようになろう。

## できること・できないことの伝え方

**ききトリ** 音声を聞き、声に出してみましょう。　トラック67～68

**I《アイ》 can《キャン》 run《ラン》 fast《ファスト》.  I《アイ》 can't《キャント》 play《プレイ》 the《ザ》 guitar《ギター》.**
わたしは速く走ることができます。わたしはギターをひくことができません。

**せつめい** **つたえる** 自分のできることを伝えたいときには I can ～.「わたしは～することができます。」で表します。できないことを伝えるときは I can't ～.「わたしは～することができません。」とします。「～」には動作を表す言葉が入ります。

**ききトリ** 音声を聞き、英語の言葉を言いかえて、文を読んでみましょう。　トラック69～70

**I can run fast . I can't play the guitar.**

**いいかえよう** 動作を表す英語

□ski
（スキーをする）

□skate
（スケートをする）

□play the recorder
（リコーダーをふく）

□play volleyball
（バレーボールをする）

□play *shogi*
（将棋《しょうぎ》をする）

□play the piano
（ピアノをひく）

**ワンポイント**
canでもcan'tでも後ろに続く動作を表す語は同じ形だよ。

**これを知ったらワンダフル！**
*shogi*は文字がななめになっているね。これをイタリック（体《たい》）と言うんだよ。将棋は日本語で、英語に訳せないものなので、そのような形で表しているよ。読み方は日本語と同じだよ。

▶ 小冊子のp.24～25で、もっと言葉や表現を学ぼう！

ぴったり2

# 練習

学習日　　月　　日

**?ぴったりクイズ** 答えはこのページの下にあるよ！

recorderには、楽器の「リコーダー」とは別の意味もあるよ。それは何か分かるかな。

## かきトリ　英語をなぞり、声に出してみましょう。

できたらチェック！　書く　話す

□スキーをする

ski

□リコーダーをふく

play the recorder

□ピアノをひく

play the piano

□スケートをする

skate

□将棋をする

play shogi

□バレーボールをする

play volleyball

□わたしは速く走ることができます。

I can run fast.

□わたしはギターをひくことができません。

I can't play the guitar.

**ヒント**

*shogi* を表すときはななめ（イタリック体）だったけど、書くときはまっすぐ練習してみよう。

▶読み方がわからないときは、左ページにもどって音声を聞いてみましょう。

## やりトリ　自分にできることとできないことを書いて、声に出してみましょう。

できたらチェック！　書く　話す

I can ______.

I can't ______.

▶あてはめる英語は、左のページや付録の小冊子、教科書や辞書などから探してみよう！

**つたえるコツ**

左のページだけでなく、42ページにある英語も参考にして、いろいろなことを言ってみよう。とにかくなれることが大事だよ。

🎤練習ができたら、次は誰かに伝えてみよう！

**ぴったりクイズの答え**

recorderは、楽器の「リコーダー」とは別に、録音するための装《そう》置《ち》や機械、記録計などを表す「レコーダー」という意味もあるよ。

ぴったり3

# 確かめのテスト

# Unit 5 できること・できないことについて話そう①～②

時間 30 分

／100

合格 80 点

答え 7ページ

## 1 音声の内容に合う絵を、下の㋐～㋒から選び、(　　　)に記号を書きましょう。

トラック71

技能　1問5点(10点)

㋐

㋑

㋒

(1) (　　　　)　(2) (　　　　)

## 2 音声を聞いて、①「何が」②「できるか」「できないか」を、①は　　　から選んで(　　　)に記号を書き、②は「できる・できない」のどちらかに○を付けましょう。

トラック72

1問完答15点(45点)

(1)

Ken

① (　　　　)

② (できる・できない)

(2)

Tom

① (　　　　)

② (できる・できない)

(3)

Kevin

① (　　　　)

② (できる・できない)

①

ア

イ

ウ

ふりかえり　❷が分からないときは、42, 44ページにもどって確認《かくにん》してみよう。

**3** 日本文に合う英語の文になるように、[　　]の中から語を選び、[　　]に書き、文全体をなぞりましょう。２回使う語もあります。文の最初の文字は大文字で書きましょう。

1つ5点(25点)

(1) わたしは英語を上手に話すことができます。

I [　　] [　　] English well.

(2) あなたはギターをひくことができますか。

[　　] you play the guitar?

(3) いいえ、できません。

[　　], I [　　].

can　can't　yes　no　speak

**4** 絵の内容に合うように、[　　]の中から語句を選び、[　　]に書き、文全体をなぞりましょう。

思考・判断・表現　1問10点(20点)

(1) I [　　] [　　].

(2) I [　　] [　　].

can　ski well

can't　cook well

# Unit 5 できること・できないことについて話そう③

学習日　月　日

めあて
友だちのできることを、ほかの人に伝えられるようになろう。

## 友だち(女の子)のできることとできないことの伝え方

**ききトリ** 音声を聞き、声に出してみましょう。　トラック73～74

**She《シー》 can't《キャント》 play《プレイ》 the《ザ》 guitar《ギター》.**
彼女《かのじょ》はギターをひくことができません。

**She《シー》 can《キャン》 sing《スィング》 well《ウェル》.**
彼女は上手に歌うことができます。

**せつめい** **つたえる** She(彼女は)で文を始めます。彼女のできないことはShe can't ～.「彼女は～することができません。」で表し、彼女のできることはShe can ～.「彼女は～することができます。」で表します。ここでの「～」には、動作を表す言葉が入ります。

**ききトリ** 音声を聞き、英語の言葉を言いかえて、文を読んでみましょう。　トラック75～76

**She can't play the guitar. She can sing well.**

**いいかえよう** 動作を表す英語

□dance
(おどる)

□play basketball
(バスケットボールをする)

□play table tennis
(卓球《たっきゅう》をする)

□swim fast
(速く泳ぐ)

□cook
(料理をする)

□play the violin
(バイオリンをひく)

**ワンポイント**
「～できます」「～できません」はIから始まっても、Sheから始まっても、canの後ろは動作を表す英語になるよ。

小冊子のp.24～25で、もっと言葉や表現を学ぼう！

学習日　　月　　日

? ぴったりクイズ　答えはこのページの下にあるよ！

basketballのbasketは「かご」の意味があるけど、このスポーツができたとき、あるくだもののかごを使っていたんだって。そのくだものは何かな？

## かきトリ　英語をなぞり、声に出してみましょう。

できたらチェック！　書く　話す

□バイオリンをひく
play the violin

□料理をする
cook

□バスケットボールをする
play basketball

□速く泳ぐ
swim fast

□卓球をする
play table tennis

□おどる
dance

□彼女は上手に歌うことができます。
She can sing well.

□彼女はギターをひくことができません。
She can't play the guitar.

▶読み方がわからないときは、左ページにもどって音声を聞いてみましょう。

## やりトリ　友だち（女の子）のしょうかい文を書いて、声に出してみましょう。

できたらチェック！　書く　話す

She can't ＿＿＿＿＿＿＿＿.

She can ＿＿＿＿＿＿＿＿.

▶あてはめる英語は、左のページや付録の小冊子、教科書や辞書などから探してみよう！

### つたえるコツ

最初にしょうかいしたい女の子の名前を伝えて、次にできないこと、その次にできることを伝えよう。左のページのほかに、p.42、44の表現も参考にしてみよう。

練習ができたら、次は誰かに伝えてみよう！

ぴったりクイズの答え

「モモ」のかごだよ。ゴールに使えるものとして、収穫《しゅうかく》したモモを入れるためのかごを使ったことからバスケットボールが始まったそうだよ。

ぴったり1 準備

# Unit 5 できること・できないことについて話そう④

学習日　　月　　日

めあて
友だちのできることを、ほかの人に伝えられるようになろう。

## 友だち(男の子)のできることとできないことの伝え方

ききトリ　音声を聞き、声に出してみましょう。　トラック77～78

He《ヒー》 can't《キャント》 run《ラン》 fast《ファスト》.
彼《かれ》は速く走ることができません。
He《ヒー》 can《キャン》 swim《スウィム》 fast《ファスト》.
彼は速く泳ぐことができます。

せつめい　つたえる　He(彼は)で文を始めます。彼のできないことはHe can't ～.「彼は～することができません。」、彼のできることはHe can ～.「彼は～することができます。」で表します。ここでの「～」には、動作を表す言葉が入ります。

ききトリ　音声を聞き、英語の言葉を言いかえて、文を読んでみましょう。　トラック79～80

He can't **run fast** . He can swim fast.

いいかえよう　動作を表す英語

□play badminton
(バドミントンをする)

□read English books
(英語の本を読む)

□skate
(スケートをする)

□play tennis
(テニスをする)

□jump high
(高くとび上がる)

□play the drums
(ドラムを演奏《えんそう》する)

ワンポイント
「～できます」「～できません」はIから始まっても、Sheから始まっても、Heから始まっても、canの後ろは動作を表す英語になるよ。

これを知ったらワンダフル!
skateは「スケートをする」という、動作を表す言葉だよ。skiも同じく、動作を表す英語として習ったね。

▶ 小冊子のp.24～25で、もっと言葉や表現を学ぼう！

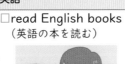

ぴったり2
# 練習

学習日　　月　　日

?ぴったりクイズ　答えはこのページの下にあるよ！

play the drumsはいくつかのたいこを演奏することを表すけど、たいこを１つだけ演奏するときは何て言えばいいか分かるかな？

## かきトリ　英語をなぞり、声に出してみましょう。

できたらチェック！　書く　話す

□スケートをする

skate

□ドラムを演奏する

play the drums

□バドミントンをする

play badminton

□テニスをする

play tennis

□高くとび上がる

jump high

□英語の本を読む

read English books

□彼は速く走ることができません。

He can't run fast.

□彼は速く泳ぐことができます。

He can swim fast.

▶読み方がわからないときは、左ページにもどって音声を聞いてみましょう。

## やりトリ　友だち（男の子）のしょうかいを書いて、声に出してみましょう。

できたらチェック！　書く　話す

He can't ＿＿＿＿＿＿＿＿.

He can ＿＿＿＿＿＿＿＿.

**つたえるコツ**

最初にしょうかいしたい男の子の名前を伝えて、次にできないこと、できることを伝えよう。左のページのほかに、p.42、44、48の表現も参考にしてみよう。

▶あてはめる英語は、左のページや付録の小冊子、教科書や辞書などから探してみよう！

練習ができたら、次は誰かに伝えてみよう！

**ぴったりクイズの答え**

大だいこや小だいこなど、たいこを１つだけ演奏することを表すときは、drumsのsを取って、play the drumと表すといいよ。

ぴったり3

# 確かめのテスト

## Unit 5 できること・できないことについて話そう③～④

時間 30 分

／100

合格 80 点

答え 8ページ

**1** 音声の内容に合う絵を、下のㄗ～ㄘから選び、(　　　)に記号を書きましょう。

トラック81

技能 1問5点(10点)

㋐

㋑

㋒

(1) (　　　　　)　(2) (　　　　　)

**2** 音声を聞いて、①「何が」②「できるか」「できないか」を、①は［　　］から選んで(　　　)に記号を書き、②は「できる・できない」のどちらかに○を付けましょう。

トラック82

1問完答15点(45点)

(1)

Momoka

① (　　　　　)

② (できる・できない)

(2)

Mr. Smith

① (　　　　　)

② (できる・できない)

(3)

Keiko

① (　　　　　)

② (できる・できない)

①

ア

イ

ウ

ふりかえり ❷が分からないときは、48, 50ページにもどって確認《かくにん》してみよう。

## 3

日本文に合う英語の文になるように、［　　］の中から語を選び、［　　］に書き、文全体をなぞりましょう。2回使う語もあります。文の最初の文字は大文字で書きましょう。

1つ5点(25点)

(1) 彼は上手にテニスをすることができます。

＿＿＿＿ ＿＿＿＿ ＿＿＿＿ tennis well.

(2) 彼は速く泳ぐことができません。

＿＿＿＿ ＿＿＿＿ swim fast.

can　　can't　　play　　fast　　he

## 4

絵の内容に合うように、女の人をしょうかいしましょう。［　　］の中から正しい語句を選び、［　　］に書き、文全体をなぞりましょう。文の最初の文字は大文字で書きましょう。

思考・判断・表現　1問20点

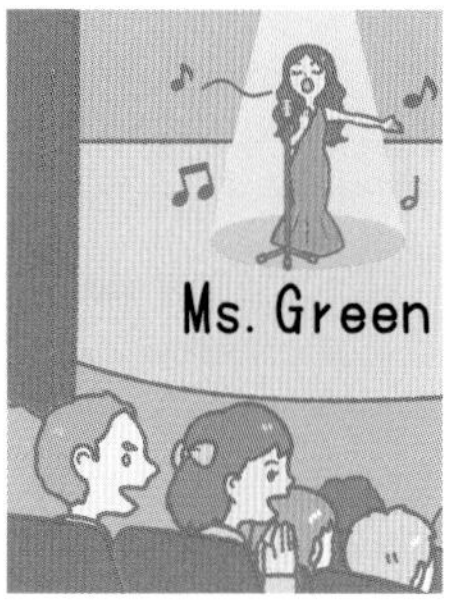


＿＿＿＿＿＿＿＿ well.

he can sing　　she can sing

ぴったり1 準備

3分でまとめ

# Unit 6 身の回りの人・得《とく》意《い》なことについて話そう①

学習日　月　日

めあて　自分の好きな人物をしょうかいできるようになろう。

## だれかのたずね方、その人と自分との関係の答え方

ききトリ　音声を聞き、声に出してみましょう。　トラック83〜84

**Who's《フーズ》 this《ズィス》?**
この人はだれですか。

**This《ズィス》 is《イズ》 my《マイ》 mother《マザァ》.**
この人はわたしの母です。

せつめい
たずねる　人についてたずねるときは、**Who's this?**「この人はだれですか。」と言います。
こたえる　答えの文である**This is my〜.**は、「この人はわたしの〜です。」となります。**my**は「わたしの」という意味を表します。

ききトリ　音声を聞き、英語の言葉を言いかえて、文を読んでみましょう。　トラック85〜86

**Who's this?**　**This is my mother.**

いいかえよう　人・関係を表す英語

□father（父）

□sister（女のきょうだい）

□brother（男のきょうだい）

□grandmother（祖母《そぼ》）

□grandfather（祖父《そふ》）

□friend（友だち）

ワンポイント
Who's this の Who's は、Who isを短くしたものだよ。

これを知ったらワンダフル！
sister や brother は、姉や兄、妹や弟の両方の意味を持つよ。どちらかをくわしく伝えたいときは、姉・兄なら older か big を、妹・弟なら younger か little を、sister や brotherの前につけて表すことができるよ。
例:
・older sister(姉)
・younger brother(弟)

小冊子のp.22〜23で、もっと言葉や表現を学ぼう！

ぴったり2

# 練習

学習日　　月　　日

**ぴったりクイズ** 答えはこのページの下にあるよ！

彼氏《かれし》や彼女《かのじょ》など、「恋人」を表す英語は何か知っているかな？

## かきトリ 英語をなぞり、声に出してみましょう。

できたらチェック！ 書く □ 話す □

□父

father

□祖父

grandfather

□母

mother

□祖母

grandmother

□男のきょうだい

brother

□女のきょうだい

sister

□友だち

friend

□この人はだれですか。

Who's this?

□この人はわたしの母です。

This is my mother.

▶読み方がわからないときは、左ページにもどって音声を聞いてみましょう。

## やりトリ 身近な人と自分との関係を書いて、声に出してみましょう。

できたらチェック！ 書く □ 話す □

This is my ＿＿＿＿＿＿＿＿.

**つたえるコツ**

自分の家族や親せき、友だちなど、身近な人を表す英語をいろいろ入れてみて、その部分をはっきりと伝えるようにしよう。

▶あてはめる英語は、左のページや付録の小冊子、教科書や辞書などから探してみよう！

練習ができたら、次は誰かに伝えてみよう！

**ぴったりクイズの答え**

色々な言い方があるけど、よくboyfriend［**ボイ**フレンド］や、girlfriend［**ガ**ールフレンド］と表すよ。

ぴったり1 準備

学習日　　月　　日

# Unit 6
# 身の回りの人・得意《とくい》なことについて話そう②

めあて
自分の好きな人物をしょうかいできるようになろう。

## 身近な人と自分との関係と、その人のとくちょうの伝え方

**ききトリ** 音声を聞き、声に出してみましょう。　トラック87~88

This《ズィス》 is《イズ》 my《マイ》 mother《マザァ》.　She's《シーズ》 kind《カインド》.
この人はわたしの母です。　彼女《かのじょ》は親切です。

**せつめい** **つたえる** This is my ~.で、「この人はわたしの~です。」と、人と自分との関係をしょうかいすることができます。続けてその人のとくちょうを伝えるとき、女の人には**she**(彼女は)を、男の人には**he**(彼《かれ》は)を使います。ここでは、She's ~.で、「彼女は~です。」と表しています。~には、とくちょうを表す言葉が入ります。

**ききトリ** 音声を聞き、英語の言葉を言いかえて、文を読んでみましょう。　トラック89~90

This is my mother.　She's **kind** .

**いいかえよう**　とくちょうを表す英語

□brave
(勇かんな)

□interesting
(興味深い)

□cool
(かっこいい)

□cute
(かわいい)

□friendly
(親しみやすい)

□funny
(おもしろい)

□kind
(親切な)

□smart
(頭のよい)

□strong
(強い)

**ワンポイント**
She'sはShe isを短くした形だよ。男の人はHe is→He'sとなるよ。

**これを知ったらワンダフル!**
人をしょうかいするときは、性別でHe'sやShe'sを使い分けるけど、性別をはっきり区別しないときは、They areを使って表すことができるよ。

▶ 小冊子のp.20~21で、もっと言葉や表現を学ぼう!

ぴったり2

# 練習

学習日　　月　　日

**?ぴったりクイズ** 答えはこのページの下にあるよ！

coolは「かっこいい」という意味の言葉として出てきたけど、天候を表す意味もあるよ。どんな意味か分かるかな？

## かきトリ 英語をなぞり、声に出してみましょう。

できたらチェック！　書く　話す

□親切な　kind

□勇かんな　brave

□かっこいい　cool

ヒント

cool は o を 2 つ重ねることに注意しよう。

□強い　strong

□頭のよい　smart

□おもしろい　funny

□かわいい　cute

□親しみやすい　friendly

□この人はわたしの母です。

This is my mother.

□彼女は親切です。

She's kind.

▶読み方がわからないときは、左ページにもどって音声を聞いてみましょう。

## やりトリ 身近な人とその人のとくちょうを書いて、声に出してみましょう。

できたらチェック！　書く　話す

This is ______.

______.

**つたえるコツ**

最初の文に出てくる人の性別によって、2文目をShe'sから始めるかHe'sから始めるかを考えよう。その後に続くとくちょうを表す言葉を、いちばん強く言うようにしよう。

▶あてはめる英語は、左のページや付録の小冊子、教科書や辞書などから探してみよう！

練習ができたら、次は誰かに伝えてみよう！

**ぴったりクイズの答え**

coolは「かっこいい」という意味だけでなく、「すずしい、冷たい」という意味もあるんだよ。状況《じょうきょう》によって使い分けよう。

ぴったり3

# 確かめのテスト

# Unit 6 身の回りの人・得《とく》意《い》なことについて話そう①～②

時間 30 分

／100

合格 80 点

答え 9ページ

## 1 音声の内容に合う絵を、下の㋐～㋒から選び、(　　　)に記号を書きましょう。

トラック91

技能 1問5点(10点)

㋐

㋑

㋒

(1) (　　　　)　(2) (　　　　)

## 2 音声を聞いて、内容に合う絵を線で結びましょう。

トラック92

1問15点(45点)

(1)

sister
(女のきょうだい)

(2)

mother
(母)

(3)

father
(父)

ふりかえり ❷が分からないときは、54, 56ページにもどって確認《かくにん》してみよう。

**3** 日本文に合う英語の文になるように、[　]の中から語を選び、[　]に書き、文全体をなぞりましょう。2回使う語もあります。文の最初の文字は大文字で書きましょう。

1つ5点(25点)

(1) この人はだれですか。

[　　] this?

(2) 〈(1)に答えて〉 彼女《かのじょ》はわたしの祖母《そぼ》です。

[　　] my [　　].

(3) 彼女はとてもかっこいいです。

[　　] very [　　].

cool　grandmother　who's　he's　she's

**4** 絵の内容に合うように、[　]の中から語句を選び、[　]に書き、文全体をなぞりましょう。

思考・判断・表現　1問10点(20点)

(1) This is [　　].

(2) [　　]

my brother　my sister
He's cute.　She's cute.

ぴったり1 準備

# Unit 6 身の回りの人・得意《とくい》なことについて話そう③

学習日　　月　　日

めあて
身近な人の得意《とくい》なことを言えるようになろう。

## 得意なことのたずね方／答え方

**ききトリ** 音声を聞き、声に出してみましょう。　トラック93〜94

Riku《リク》, are《アー》 you《ユー》 good《グッド》 at《アト》 cooking《クッキング》?
リク、あなたは料理が得意ですか。

Yes《イエス》, I《アイ》 am《アム》.
はい、得意です。

**せつめい**

**たずねる** 相手に何かが得意かどうかを聞くには、Are you good at ～?の形を使います。～ingは「～すること」を表します。「あなたは～することが得意ですか。」と表します。～には得意なことを表す英語が入ります。

**こたえる** Are you good at ～?の文に答えるときは、Yes, I am.「はい、得意です。」、No, I'm not.「いいえ、得意ではありません。」のどちらかで表します。

**ききトリ** 音声を聞き、英語の言葉を言いかえて、文を読んでみましょう。　トラック95〜98

Riku, are you good at **cooking** ?

**いいかえよう** 得意なことを表す英語

| | | |
|---|---|---|
| □playing soccer（サッカーをすること） | □playing the guitar（ギターをひくこと） | □singing（歌うこと） |
| □running（走ること） | □skiing（スキーをすること） | □dancing（おどること） |

Yes, I am. / No, I'm not.

**これを知ったらワンダフル！**
Riku, の部分には、たずねる相手の名前を入れよう。文の前ではなく、最後で名前を言ったり、他のたずねる文で同じように言ったりすることもできるよ。

**ワンポイント**
No, I'm not.のI'mは、I amを短くした形だよ。

ぴったり2

# 練習

学習日　　月　　日

**ぴったりクイズ** 答えはこのページの下にあるよ！

run(走る)の別の意味を使って、run a *ramen* shopと言うことができるよ。どのような意味になるか、分かるかな？

## かきトリ 英語をなぞり、声に出してみましょう。

できたらチェック！ 書く □ 話す □

□おどること
dancing

□サッカーをすること
playing soccer

□ギターをひくこと
playing the guitar

□走ること
running

□歌うこと
singing

□スキーをすること
skiing

□リク、あなたは料理することが得意ですか。
Riku, are you good at cooking?

□はい、得意です。
Yes, I am.

□いいえ、得意ではありません。
No, I'm not.

▶読み方がわからないときは、左ページにもどって音声を聞いてみましょう。

## やりトリ 自分は得意かどうかを書いて、声に出してみましょう。

できたらチェック！ 書く □ 話す □

Are you good at cooking?

＿＿＿＿＿＿＿＿＿＿.

**つたえるコツ**

得意かどうかが分からないときは、ふだんからよくしていることか、していて楽しいかどうか、夢《む》中《ちゅう》になってできるかどうか、などを考えて、答えるようにしよう。

▶あてはめる英語は、左のページや付録の小冊子、教科書や辞書などから探してみよう！

答える練習ができたら、次は誰かに質問してみよう！

**ぴったりクイズの答え**

run a *ramen* shopで「ラーメン店を経営する」という意味になるよ。runには、「走る」という意味の他に、「～を経営する」という意味もあるんだよ。

ぴったり1 **準備**

# Unit 6 身の回りの人・得意《とくい》なことについて話そう④

学習日　　月　　日

**めあて** 身近な人の得意《とくい》なことを言えるようになろう。

## 身近な人が得意なことの伝え方

**ききトリ** 音声を聞き、声に出してみましょう。　トラック99～100

Riku《リク》 is《イズ》 good《グッド》 at《アト》 cooking《クッキング》.
リクは料理することが得意です。

**せつめい** **つたえる** 身近な人の得意なことを伝えるときは、○○ is good at ～.「○○は～することが得意です。」と言います。○○には、人の名前や自分との関係を表す言葉が入ります。～には、動作を表す言葉が入ります。

**ききトリ** 音声を聞き、英語の言葉を言いかえて、文を読んでみましょう。　トラック101～102

Riku is good at **cooking** .

**いいかえよう** 得意なことを表す英語

□playing volleyball（バレーボールをすること）

□playing the recorder（リコーダーをふくこと）

□speaking English（英語を話すこと）

□swimming（泳ぐこと）

□skating（スケートをすること）

□riding a unicycle（一輪車に乗ること）

□playing the violin（バイオリンをひくこと）
□sports（スポーツ）　□chess（チェス）　□games（ゲーム）

**これを知ったらワンダフル！**
「あなたは～することが得意です。」と伝えたい時は、You are good at ～.と表すよ。「わたしは～することが得意です。」と伝えたいときは、I'm good at ～.と表すよ。

**これを知ったらワンダフル！**
「～することが得意ではありません。」と伝えたいときは、not を使って、I'm not good at ～.と表すよ。

ぴったり2

# 練習

学習日　　月　　日

?ぴったりクイズ　答えはこのページの下にあるよ！

得意なことを表す文ではgood atを使うことを学んだけど、「得意なこと」という意味の英語は何か、知っているかな？

## かきトリ　英語をなぞり、声に出してみましょう。

できたらチェック！　書く　話す

□スケートをすること

skating

□バレーボールをすること

playing volleyball

□リコーダーをふくこと

playing the recorder

□泳ぐこと

swimming

□一輪車に乗ること

riding a unicycle

□英語を話すこと

speaking English

□リクは料理することが得意です。

Riku is good at cooking.

▶読み方がわからないときは、左ページにもどって音声を聞いてみましょう。

## やりトリ　自分の身近な人の得意なことを書いて、声に出してみましょう。

できたらチェック！　書く　話す

________ is good at ________ .

**つたえるコツ**

文の最初には、友だちの名前や家族など自分との関係を表す言葉を入れよう。atの後ろに入る、得意なことを表す言葉を強く言うようにしよう。

▶あてはめる英語は、左のページや付録の小冊子、教科書や辞書などから探してみよう！

練習ができたら、次は誰かに伝えてみよう！

**ぴったりクイズの答え**

いろいろな言い方があるけど、ここではstrong point をしょうかいするよ。strong（強い）なpoint（点）で、「得意」の他に、「強み」や「長所」などを表すこともできるよ。

ぴったり3
# 確かめのテスト
## Unit 6 身の回りの人・得意《とくい》なことについて話そう③～④

時間 30 分
／100
合格 80 点

答え 10 ページ

**1** 音声の内容に合う絵を、下の㋐～㋒から選び、(　　　)に記号を書きましょう。

トラック103

技能　1問5点(10点)

㋐

㋑

㋒

(1) (　　　　　)　(2) (　　　　　)

**2** 音声を聞いて、①「何が」②「得意《とくい》か」「得意でないか」を、①は□から選んで(　　　)に記号を書き、②は「得意・得意でない」のどちらかに○を付けましょう。

トラック104

1問完答15点(45点)

(1)

Emma

① (　　　　　)
② (得意・得意でない)

(2)

Kevin

① (　　　　　)
② (得意・得意でない)

(3)

Yuki

① (　　　　　)
② (得意・得意でない)

①

ア

イ

ウ

ふりかえり　❷が分からないときは、60, 62ページにもどって確認《かくにん》してみよう。

## 3 日本文に合う英語の文になるように、＿＿の中から語を選び、＿＿に書き、文全体をなぞりましょう。２回使う語もあります。文の最初の文字は大文字で書きましょう。

1つ5点(25点)

(1) あなたはスケートをすることが得意ですか。

Are you good ____ ____?

(2) 〈(1)に答えて〉 いいえ、得意ではありません。

____, I'm ____.

(3) ケンは料理をすることが得意です。

Ken is good ____ cooking.

skating　not　at　yes　no

## 4 絵の内容に合うように、友だちの男の子をしょうかいしましょう。＿＿の中から文を選び、＿＿に書きましょう。文の最初の文字は大文字で書きましょう。

思考・判断・表現　1問10点(20点)

Tom

This is my friend.

(1) ____

(2) ____

He's Tom.　He's good at playing tennis.

She's Tom.　She's good at playing tennis.

ぴったり1 準備

3分でまとめ

# Unit 7 ほしいものについて話そう ①

学習日　　月　　日

めあて
料理の注文をしたり、答えたりできるようになろう。

## 料理の注文のたずね方／答え方

ききトリ　音声を聞き、声に出してみましょう。　トラック105～106

What《(フ)ワット》 would《ウッド》 you《ユー》 like《ライク》?
何になさいますか。

I'd《アイド》 like《ライク》 pizza《ピーツァ》.
ピザをお願いしたいのですが。

せつめい
たずねる　What would you like? で「何になさいますか。」とたずねることができます。
こたえる　答えるときは、I'd like ～.で、「わたしは～がほしいです。」と表します。ここでは、「～をお願いしたいのですが。」という意味になります。

ききトリ　音声を聞き、英語の言葉を言いかえて、文を読んでみましょう。　トラック107～108

What would you like?　　I'd like pizza .

いいかえよう　食べもの・料理を表す英語

□bread(パン)

□curry and rice
(カレーライス)

□parfait(パフェ)

□steak(ステーキ)

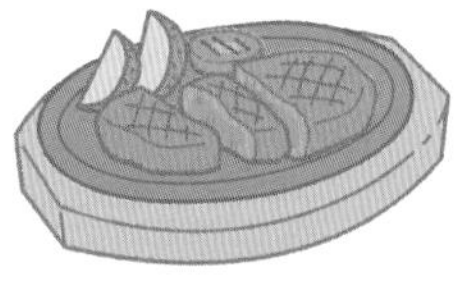

□salad(サラダ)

□tea(お茶・紅茶)

□coffee(コーヒー)

□cake(ケーキ)

□yogurt(ヨーグルト)

□a hamburger
(ハンバーガー)
□spaghetti
(スパゲッティ)

□ice cream
(アイスクリーム)
□orange juice
(オレンジジュース)

□milk(牛乳《ぎゅうにゅう》)

これを知ったらワンダフル!
I'dはI wouldを短くした形だよ。wouldを使った文で聞かれているので、wouldで答えているんだね。

これを知ったらワンダフル!
ほしいものが2つのときは、andを使ってcake and coffeeのように表すよ。3つ以上のときは、cake, bread, and coffeeのように、最後にandを使って表すよ。

小冊子のp.10～15で、もっと言葉や表現を学ぼう！

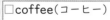

ぴったり2

# 練習

学習日　　月　　日

**?ぴったりクイズ** 答えはこのページの下にあるよ！

ハンバーグはどこで生まれたとされる食べものか、分かるかな？

## かきトリ 英語をなぞり、声に出してみましょう。

できたらチェック！ 書く □ 話す □

- □ステーキ steak
- □カレーライス curry and rice
- □パン bread
- □ハンバーガー hamburger
- □スパゲッティ spaghetti
- □ヨーグルト yogurt
- □オレンジジュース orange juice
- □パフェ parfait
- □サラダ salad
- □アイスクリーム ice cream
- □コーヒー coffee
- □お茶、紅茶 tea
- □何になさいますか。 What would you like?
- □ピザをお願いしたいのですが。 I'd like pizza.

▶読み方が分からないときは、左ページにもどって音声を聞いてみましょう。

## やりトリ 自分が注文したい料理や食べものを書いて、声に出してみましょう。

できたらチェック！ 書く □ 話す □

What would you like?

I'd like ＿＿＿＿＿＿.

**つたえるコツ**

海外のお店で注文している場面を考えて、食べものや料理名の部分をはっきり伝えるようにしよう。

▶あてはめる英語は、左のページや付録の小冊子、教科書や辞書などから探してみよう！

答える練習ができたら、次は誰かに質問してみよう！

**ぴったりクイズの答え** ハンバーグは、ドイツで生まれたとされる食べものだよ。北部の都市「ハンブルク（Hamburg）」の英語の読み方から、その名がついたとされているよ。

ぴったり1
# 準備

# Unit 7 ほしいものについて話そう②

学習日　　月　　日

**めあて**
料理の注文をしたり、金《きん》額《がく》をたずねたりできるようになろう。

## 金額のたずね方／答え方

**ききトリ** 音声を聞き、声に出してみましょう。　トラック109～110

**I'd《アイド》 like《ライク》 pizza《ピーツァ》. How《ハウ》 much《マッチ》 is《イズ》 it《イット》?**
わたしはピザがほしいです。それはいくらですか。

**It's《イッツ》 six《スィックス》 hundred《ハンドゥレッド》 yen《イェン》.**
それは600円です。

**せつめい**

**たずねる** ほしいものを店員に伝えたあと、金額をたずねるときは、How much is it?（それはいくらですか。）で表します。

**こたえる** 答えるときは、It's ～.で、「それは～です。」と表します。「～」には金額が入ります。

**ききトリ** 音声を聞き、英語の言葉を言いかえて、文を読んでみましょう。　トラック111～112

I'd like **pizza**. How much is it?

**いいかえよう** 食べもの・料理を表す英語

□fried chicken
（フライドチキン）
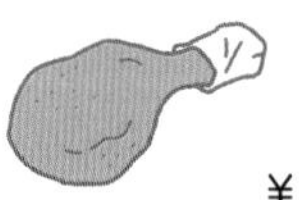
¥250

□French fries
（フライドポテト）

¥200

□spaghetti
（スパゲッティ）

¥600

□a hamburger
（ハンバーガー）

¥300

□ice cream
（アイスクリーム）

¥150

□orange juice
（オレンジジュース）

¥200

**ワンポイント**
¥250はtwo hundred and fifty yenと読むよ。andは省略されることもあるよ。

It's six hundred yen.

▶ 小冊子のp.10～15で、もっと言葉や表現を学ぼう！

ぴったり2

# 練習

学習日　　月　　日

?ぴったりクイズ　答えはこのページの下にあるよ！

フライドポテト(French fries)は、アメリカでよく使われる言い方だよ。イギリスではどう表すか、知っているかな？

## かきトリ　英語をなぞり、声に出してみましょう。

できたらチェック！　書く　話す

□フライドチキン

fried chicken

□フライドポテト

French fries

□わたしはフライドチキンがほしいです。それはいくらですか。

I'd like fried chicken.

How much is it?

ヒント

French の F は大文字になることに注意しよう。

□それは250円です。

It's two hundred and fifty yen.

□わたしはピザがほしいです。それはいくらですか。

I'd like pizza.  How much is it?

□それは600円です。

It's six hundred yen.

▶読み方が分からないときは、左ページにもどって音声を聞いてみましょう。

## やりトリ　きみならどう答える？　英語を書いて、声に出してみよう。

できたらチェック！　書く　話す

I'd like pizza.  How much is it?

It's ________ yen.

つたえるコツ

13～19の発音は語尾が上がるけど、30、40、50、…の発音は語尾が下がることに注意しよう。

▶あてはめる英語は、左のページや付録の小冊子、教科書や辞書などから探してみよう！

答える練習ができたら、次は誰かに質問してみよう！

ぴったりクイズの答え　イギリスでは、フライドポテトのことをchips[チップス]と言うよ。ちなみに、アメリカでchipsというと、ポテトチップスのことを表すよ。

ぴったり3

# 確かめのテスト

# Unit 7 ほしいものについて話そう ①～②

時間 30 分

／100

合格 80 点

答え 11 ページ

## 1 音声の内容に合う絵を、下の㋐～㋒から選び、（　　）に記号を書きましょう。

トラック113

技能 1問5点（10点）

㋐

㋑

㋒

(1)（　　　　）　(2)（　　　　）

## 2 音声を聞いて、内容に合う絵を線で結びましょう。

トラック114

1問完答15点（45点）

(1)

Emma

(2)

Riku

(3)

Yuki

| ¥500 | ¥650 | ¥800 | ¥670 |
|---|---|---|---|

ふりかえり　❷が分からないときは、68ページにもどって確認《かくにん》してみよう。

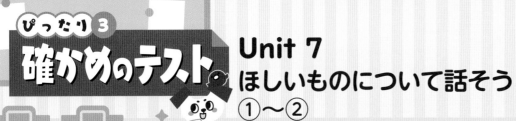

**3** 日本文に合う英語の文になるように、［　　］の中から語《ご》句《く》を選び、［　　］に書き、文全体をなぞりましょう。２回使う語もあります。文の最初の文字は大文字で書きましょう。

1つ5点(25点)

(1) 何になさいますか。

［　　　　］ would you ［　　　　］?

(2) わたしはオレンジジュースがほしいです。

I'd ［　　　　］［　　　　　　　　］.

(3) それは300円です。

［　　　　］ three hundred yen.

| like | what | it's | it | orange juice |
|---|---|---|---|---|

**4** 絵の中の店員と客とのやりとりを完成させましょう。［　　］の中から文を選び、＿＿＿に書きましょう。

思考・判断・表現　1問10点(20点)

(1) ＿＿＿＿＿＿＿＿＿＿＿＿＿＿＿＿

(2) ＿＿＿＿＿＿＿＿＿＿＿＿＿＿＿＿

| How is it? | What would you like? |
|---|---|
| I'd like pizza. | I'd like spaghetti. |

ぴったり1 準備

# Unit 7 ほしいものについて話そう ③

学習日　　月　　日

めあて
食べものの味やとくちょうを言えるようになろう。

## 食べものの味やとくちょうの伝え方

ききトリ 音声を聞き、声に出してみましょう。　トラック115～116

**This《ズィス》 is《イズ》 *manju*《マンジュウ》.**
これはまんじゅうです。

**It's《イッツ》 sweet《スウィート》.**
それはあまいです。

せつめい つたえる This is ～.（これは～です。）で食べ物をしょうかいしています。続けて、それのとくちょうをIt's ....（それは…です。）と表しています。

ききトリ 音声を聞き、英語の言葉を言いかえて、文を読んでみましょう。　トラック117～120

This is *manju* .

いいかえよう　食べものを表す英語

□*tsukemono*（つけ物）

□*taiyaki*（たい焼き）

□*goya champuru*（ゴーヤチャンプルー）

□*takoyaki*（たこやき）

ワンポイント
食べものや料理など、日本語がそのまま英語になっているものを表すときには、文字をななめにして区別するよ。

It's sweet .

いいかえよう　とくちょうを表す英語

□sour（すっぱい）

□hot（からい）
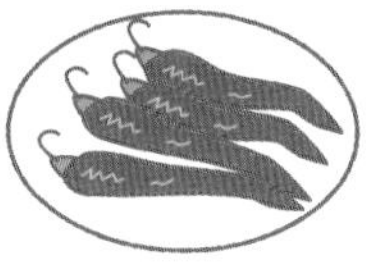

□salty（塩からい）

□bitter（にがい）

これを知ったらワンダフル！
とくちょうを2つ言うときは、2つのとくちょうを表す英語の間にandを入れて表そう。とくちょうを1つだけ伝えるときは、andを使わずに表すよ。

ぴったり2

# 練習

学習日　　月　　日

## ぴったりクイズ

答えはこのページの下にあるよ！

hot以外に、「からい」を表す英語を知っているかな？

## かきトリ　英語をなぞり、声に出してみましょう。

できたらチェック！　書く　話す

□からい

hot

□あまい

sweet

□塩からい

salty

□にがい

bitter

□すっぱい

sour

ヒント

salty の a、sour の ou のつづりに注意しよう。

□これはまんじゅうです。

This is manju.

□それはあまいです。

It's sweet.

□これは担々めんです。それはからいです。

This is tantanmen. It's hot.

▶読み方が分からないときは、左ページにもどって音声を聞いてみましょう。

## やりトリ　好きな食べものとそのとくちょうを書いて、声に出してみましょう。

できたらチェック！　書く　話す

This is ＿＿＿＿＿＿＿＿.

It's ＿＿＿＿＿＿＿＿.

つたえるコツ

日本語の料理名を英語で伝えるときは、聞き取ってもらえるようにゆっくりはっきり言うようにしよう。

▶あてはめる英語は、左のページや付録の小冊子、教科書や辞書などから探してみよう！

練習ができたら、次は誰かに伝えてみよう！

ぴったりクイズの答え

スパイスや薬味がきいているぴりっとした「からさ」を表すときは、spicy［スパイスィ］という英語を使うことができるよ。

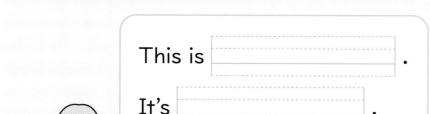

ぴったり3 **確かめのテスト**

# Unit 7 ほしいものについて話そう ③

時間 30 分

／100

合格 80 点

答え 12ページ

## 1 音声の内容に合う絵を、下の㋐～㋒から選び、(　　)に記号を書きましょう。

トラック121

技能 1問5点(10点)

㋐

㋑

㋒

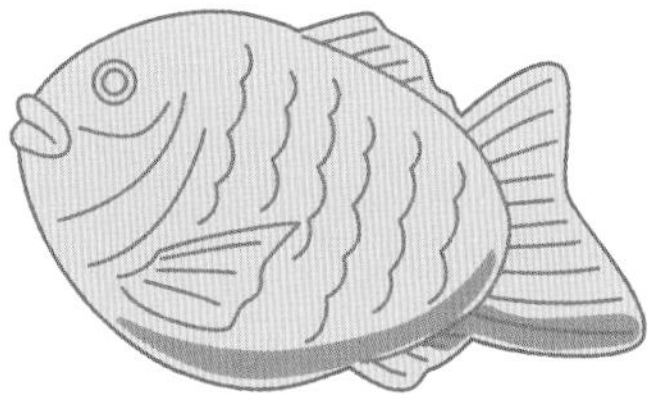

(1) (　　　　)　(2) (　　　　)

## 2 音声を聞いて、内容に合う絵を線で結びましょう。

トラック122

1問15点(45点)

(1)

*tsukemono*

(2)

*karashimentaiko*

(3)

*sakuramochi*

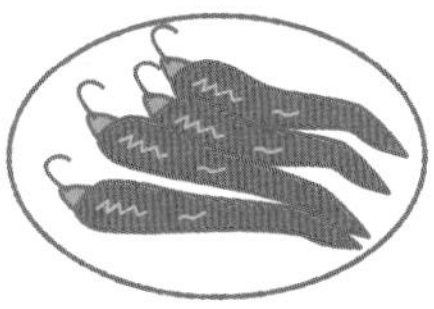

ふりかえり ❷が分からないときは、72ページにもどって確認《かくにん》してみよう。

## 3 日本文に合う英語の文になるように、　　の中から語を選び、　　に書き、文全体をなぞりましょう。2回使う語もあります。文の最初の文字は大文字で書きましょう。

1つ5点(25点)

(1) これはみそ汁です。

______ is miso soup.

(2) それはおいしいです。

It's ______ .

(3) これはお茶です。

______ is tea.

(4) それはにがいです。

______ ______ .

it's　　delicious　　this　　bitter

## 4 絵の内容に合うように、　　の中から文を選び、　　に書きましょう。

思考・判断・表現　1問10点(20点)

(1) ______________________

(2) ______________________

This is *wagashi*.　　It's sweet.

This is *umeboshi*.　　It's sour.

この本の終わりにある「冬のチャレンジテスト」をやってみよう！

ぴったり1 準備

3分でまとめ

# Unit 8
# 場所について話そう①

学習日　　月　　日

めあて
ものの位置を言うことができるようになろう。

## ものの位置のたずね方／伝え方

**ききトリ** 音声を聞き、声に出してみましょう。　トラック123～124

**Where's《(フ)ウェアズ》 the《ザ》 dog《ド(ー)グ》?**
その犬はどこにいますか。

**It's《イッツ》 on《ア(ー)ン》 the《ザ》 chair《チェア》.**　**The《ザ》 dog《ド(ー)グ》 is《イズ》 on《ア(ー)ン》 the《ザ》 chair《チェア》.**
それはいすの上にいます。　その犬はいすの上にいます。

**せつめい**
たずねる　どこにいる[ある]かを聞くときは、**Where's～?**で、「～はどこにいます[あります]か。」と表します。ここでの「～」には、人やものの名前が入ります。
こたえる　答えは「それは～にいます[あります]。」で〈**It's＋場所の表現.**〉とします。

**ききトリ** 音声を聞き、英語の言葉を言いかえて、文を読んでみましょう。　トラック125～126

**Where's the dog?**

**It's on the chair . The dog is on the chair.**

いいかえよう　位置を表す英語

□under the chair(いすの下に)

□by the chair(いすのそばに)

□in the box(箱の中に)

これを知ったらワンダフル!
たずねる文にあるWhere's は、Where isを短くした形だよ。答えの文のIt'sはIt isを短くした形で、ここではthe dogのことをさしているよ。

これを知ったらワンダフル!
今まではisは「～だ、～である」という意味で使われていたけど、ここでは「いる、ある」という意味で使われているよ。

学習日　　月　　日

**ぴったりクイズ**　答えはこのページの下にあるよ！

「かべにあります」と伝えたいとき、by、on、under、inのどれを使えばいいか、分かるかな？

## かきトリ　英語をなぞり、声に出してみましょう。

できたらチェック！　書く　話す

□～のそばに　by

□～の上に　on

□～の下に　under

□～の中に　in

□いす　chair

□箱　box

□どこに　where

□犬　dog

□その犬はどこにいますか。
Where's the dog?

□それはいすの上にいます。
It's on the chair.

□その犬はいすの上にいます。
The dog is on the chair.

**ヒント**
chair は発音と
つづりの
両方に注意しよう。

▶読み方が分からないときは、左ページにもどって音声を聞いてみましょう。

## やりトリ　犬がどこにいるかを想像《そうぞう》して書いて、声に出してみましょう。

できたらチェック！　書く　話す

Where's the dog?

It's ＿＿＿＿＿＿＿＿.

**つたえるコツ**
位置がちゃんと伝わるように、on、under、in、byなどの英語をはっきり言うようにしよう。

▶あてはめる英語は、左のページや付録の小冊子、教科書や辞書などから探してみよう！

答える練習ができたら、次は誰かに質問してみよう！

**ぴったりクイズの答え**
「かべに」と表すときは、onを使ってon the wallと表すよ。onは、くっついていたら上になくても使うことができる英語だよ。

ぴったり1 準備

# Unit 8 場所について話そう②

学習日　　月　　日

めあて
建物や店の場所を言ってみよう。

## 建物や店の場所のたずね方／伝え方

**ききトリ** 音声を聞き、声に出してみましょう。　トラック127～128

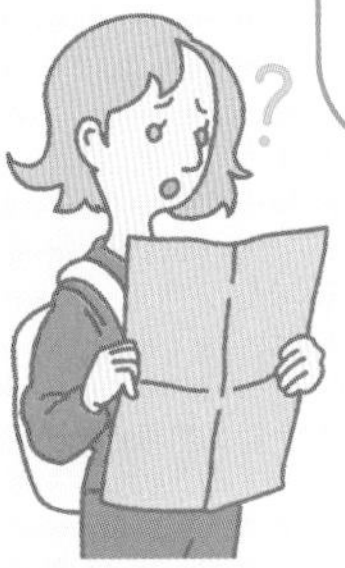

**Where's《(フ)ウェアズ》 this《ズィス》 museum《ミューズィアム》?**
この博物館はどこにありますか。

**It's《イッツ》 in《イン》 Tokyo《トーキョー》.**
それは東京にあります。

**せつめい**
**たずねる** どこにあるかを聞くときは、**Where's～?**で、「～はどこにありますか。」と表します。ここでの「～」には、建物などの場所を表す言葉が入ります。
**こたえる** 答えは「それは～にあります。」で〈**It's**＋場所の表現**.**〉を使って答えます。

**ききトリ** 音声を聞き、英語の言葉を言いかえて、文を読んでみましょう。　トラック129～130

**Where's this museum ?**

いいかえよう　場所を表す英語

□castle
（城《しろ》）

□mountain
（山）

□lake
（湖）

□amusement park
（遊園地）

□zoo
（動物園）

□shopping mall
（ショッピングモール）

**ワンポイント**
whereは文の最初に置かれ、「どこ」という意味を表しているよ。

**It's in Tokyo.**

小冊子のp.28～29で、もっと言葉や表現を学ぼう！

ぴったり2

# 練習

学習日　　月　　日

**？ぴったりクイズ** 答えはこのページの下にあるよ！

zoo（動物園）は、zから始まるめずらしい英語だね。では、zから始まる動物の名前は何か、分かるかな？

## かきトリ 英語をなぞり、声に出してみましょう。

できたらチェック！ 書く 話す

□動物園
zoo

□城
castle

□湖
lake

□遊園地
amusement park

□博物館
museum

□ショッピングモール
shopping mall

**ヒント**
castle の t に気をつけよう。

□この博物館はどこにありますか。
Where's this museum?

□それは東京にあります。
It's in Tokyo.

▶読み方が分からないときは、左ページにもどって音声を聞いてみましょう。

## やりトリ 博物館がどこにあるかを想像《そうぞう》して書いて、声に出してみましょう。

できたらチェック！ 書く 話す

Where's this museum?

It's ＿＿＿＿＿＿＿＿.

**つたえるコツ**
場所がちゃんと伝わるように、地名をはっきり言うようにしよう。

▶あてはめる英語は、左のページや付録の小冊子、教科書や辞書などから探してみよう！

答える練習ができたら、次は誰かに質問してみよう！

**ぴったりクイズの答え**
zebra（シマウマ）は、zから始まる動物の名前を表す英語だよ。ほかにはどんな動物の名前があるか、調べてみよう。

ぴったり3
# 確かめのテスト

## Unit 8 場所について話そう①〜②

時間 30 分

/100

合格 80 点

答え 13ページ

**1** 音声の内容に合う絵を、下の㋐〜㋒から選び、(　　)に記号を書きましょう。

トラック131

技能　1問5点(10点)

㋐

㋑

㋒

(1) (　　　　)　(2) (　　　　)

**2** 次の絵はあなたの部屋です。3つの音声を聞いて、質問に対する答えとして正しいものを[　　　]から選び、[　　　]に書き、文全体をなぞりましょう。

トラック132

1問15点(45点)

(1) It's [　　　　　　　　].

(2) It's [　　　　　　　　].

(3) It's [　　　　　　　　].

in the bag　　on the bed　　under the desk

ふりかえり　❷が分からないときは、76ページにもどって確認《かくにん》してみよう。

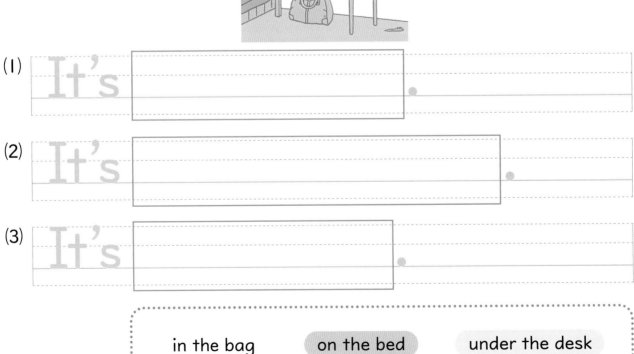

**3** 日本文に合う英語の文になるように、[　　]の中から語を選び、[　　]に書き、文全体をなぞりましょう。2回使う語もあります。文の最初の文字は大文字で書きましょう。

1つ5点(25点)

(1) この山はどこにありますか。

______ this mountain?

(2) 〈(1)に答えて〉それは岩手にあります。

______ ______ Iwate.

(3) わたしのイヌは箱の中にいます。

My dog is ______ the ______.

it's　　box　　where's　　in

**4** 絵の内容に合うように、[　　]の中から語《ご》句《く》を選び、[　　]に書きましょう。

思考・判断・表現　1問10点(20点)

(1) The white cat is ______.

(2) This hotel is ______ Okinawa.

on the desk　　on the chair　　on　　in

ぴったり1 準備

# Unit 8
# 場所について話そう③

学習日　　月　　日

めあて
自分の家までの道案内ができるようになろう。

## 道案内の伝え方

**ききトリ** 音声を聞き、声に出してみましょう。　トラック133〜134

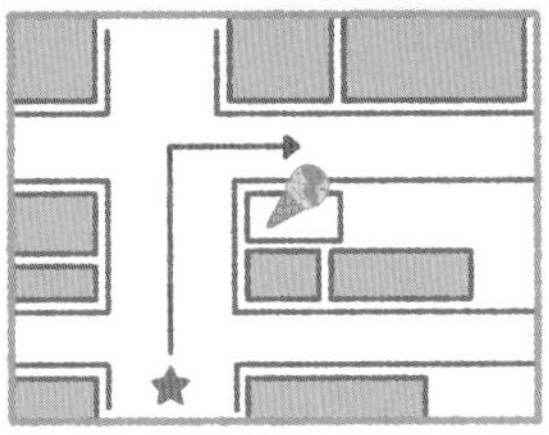

**Go《ゴウ》 straight《ストゥレイト》.**
まっすぐに行ってください。
**Turn《ターン》 right《ライト》 at《アト》 the《ズィ》 ice《アイス》 cream《クリーム》 shop《シャ(ー)ップ》.**
アイスクリーム屋で右に曲がってください。

**せつめい** **つたえる** 道案内の表現が２つ出ています。go straightは「まっすぐに行く」、〈turn＋左[右]〉で「左[右]に曲がる」を表します。ここではright(右)となっています。

**ききトリ** 音声を聞き、英語の言葉を言いかえて、文を読んでみましょう。　トラック135〜136

Go straight. **Turn right** at the **ice cream shop**.

**いいかえよう** 方向を表す英語

□Turn left
（左に曲がる）

**ワンポイント**
道案内をするときは動作を表す語が文の最初に置かれ、「〜してください」という意味になるよ。

**いいかえよう** 場所を表す英語

□convenience store
（コンビニエンスストア）

□library
（図書館）

□gas station
（ガソリンスタンド）

**これを知ったらワンダフル！**
「ガソリンスタンド」は日本でつくられた言葉なので、ガソリンスタンドと言っても英語ではうまく通じないよ。このような「和製英語」に注意して、英語を学ぼう。

小冊子のp.28〜29で、もっと言葉や表現を学ぼう！

学習日　月　日

**ぴったりクイズ** 答えはこのページの下にあるよ！

rightは、「右」という意味以外のことを表すことができるよ。どのような意味になるか分かるかな？

## かきトリ 英語をなぞり、声に出してみましょう。

できたらチェック！ 書く 話す

□ガソリンスタンド
gas station

□コンビニエンスストア
convenience store

□図書館
library

□アイスクリーム屋
ice cream shop

□まっすぐに行く
go straight

□左に曲がる
turn left

□右に曲がる
turn right

**ヒント**
straight の aigh のつづりに注意しよう。

□まっすぐに行ってください。
Go straight.

□アイスクリーム屋で右に曲がってください。
Turn right at the ice cream shop.

▶読み方が分からないときは、左ページにもどって音声を聞いてみましょう。

## やりトリ 相手にどこでどちらに曲がってもらうかを書いて、声に出してみましょう。

できたらチェック！ 書く 話す

Turn ________ at the
________.

**つたえるコツ**
教科書や地図を見ながら、どちらに曲がってほしいかを考えて伝えてみよう。

▶あてはめる英語は、左のページや付録の小冊子、教科書や辞書などから探してみよう！

練習ができたら、次は誰かに伝えてみよう！

**ぴったりクイズの答え**
rightは、「右」という意味以外にも「正しい」という意味を表すことができるよ。That's right.（その通り。）などで使われるよ。ほかにどんな意味があるか、調べてみよう。

ぴったり1 準備

学習日　月　日

# Unit 8
# 場所について話そう④

めあて
自分の家までの道案内ができるようになろう。

## 道案内の伝え方

ききトリ 音声を聞き、声に出してみましょう。　トラック137〜138

Go《ゴウ》 straight《ストゥレイト》.
まっすぐに行ってください。

It's《イッツ》 on《ア(ー)ン》 your《ユア》 left《レフト》.
それは左側にあります。

せつめい つたえる 相手のどちら側にあるかを伝えるときは〈It's on your＋右[左].〉「それは(あなたの)右[左]側にあります。」と表します。ここはleft(左)です。

ききトリ 音声を聞き、英語の言葉を言いかえて、文を読んでみましょう。　トラック139〜140

Go straight. It's on your left.

いいかえよう 方向を表す英語

□on your right
((あなたの)右側に)

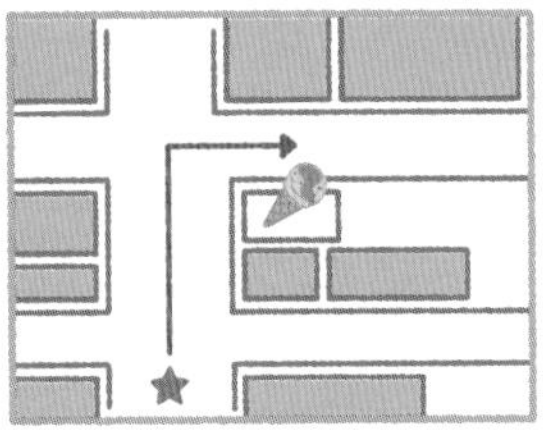

これを知ったらワンダフル!
ここでのitは、それまでにやりとりしていた案内中の場所のことを表しているよ。

学習日　　月　　日

**ぴったりクイズ**　答えはこのページの下にあるよ！

日本語の「マンション」は実は和製《わせい》英語で、英語として伝えると別の意味で理解されてしまうよ。それはどんな意味か、分かるかな？

## かきトリ　英語をなぞり、声に出してみましょう。

できたらチェック！　書く　話す

□（あなたの）左側に

on your left

□（あなたの）右側に

on your right

□まっすぐに行ってください。

Go straight.

□それは左側にあります。

It's on your left.

**ヒント**

right と straight の gh はどちらも発音しない文字なので気をつけよう。

▶読み方が分からないときは、左ページにもどって音声を聞いてみましょう。

## やりトリ　想像《そうぞう》しながら道案内の文を書いて、声に出してみましょう。

できたらチェック！　書く　話す

＿＿＿＿＿＿＿＿＿＿＿＿＿＿＿＿.

＿＿＿＿＿＿＿＿＿＿＿＿＿＿＿＿.

**つたえるコツ**

今までに学んだ表現をしっかりおさえて、いろいろな場所の名前を使いながら練習してみよう。

▶あてはめる英語は、左のページや付録の小冊子、教科書や辞書などから探してみよう！

練習ができたら、次は誰かに伝えてみよう！

**ぴったりクイズの答え**

マンション（mansion）は、大きな家を表す「ごうてい」という意味になってしまうよ。apartmentやcondominiumなど、ほかの表し方を調べてみよう。

ぴったり3

# 確かめのテスト

## Unit 8 場所について話そう③～④

時間 30 分

／100

合格 80 点

答え 14ページ

### 1 音声の内容に合う絵を、下の㋐～㋒から選び、(　　)に記号を書きましょう。

トラック141

技能 1問5点(10点)

㋐

㋑

㋒

(1) (　　　　)　(2) (　　　　)

### 2 女の子が道をたずねています。音声を聞いて正しいものを［　　］から選び、［　　］に書き、文全体をなぞりましょう。文の最初は大文字で書きましょう。

トラック142

1問15点(45点)

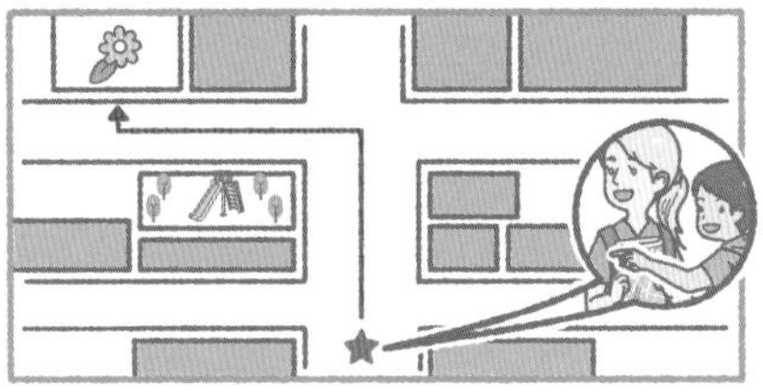

(1) ＿＿＿＿＿＿＿＿ .

(2) ＿＿＿＿＿＿＿＿ at the park.

(3) It's ＿＿＿＿＿＿＿＿ .

turn left　　go straight　　on your right

ふりかえり　2が分からないときは、82, 84ページにもどって確認《かくにん》してみよう。

学習日　　月　　日

## 3 日本文に合う英語の文になるように、［　］の中から語を選び、［　］に書き、文全体をなぞりましょう。文の最初は大文字で書きましょう。

1つ5点(25点)

(1) まっすぐに行ってください。

［　　　］［　　　　　］.

(2) 警察署《けいさつしょ》で左に曲がってください。

Turn ［　　　］ at the ［　　　　　］ station.

(3) それは右側にあります。

It's on your ［　　　　］.

left　　right　　straight　　police　　go

## 4 絵の中の男の子になったつもりで、矢印の通りに道案内をしましょう。答えは［　］の中から文を選び、［　］に書きましょう。

思考・判断・表現　1問10点(20点)

(1)

(2)

It's on your left.　　Go straight.

Turn left.　　Turn right.

ぴったり1 準備

3分でまとめ

# Unit 9 したいことについて話そう①

学習日 月 日

めあて
行ってみたい国を言うことができるようになろう。

## 行きたい国のたずね方／答え方

ききトリ 音声を聞き、声に出してみましょう。 トラック143～144

Where《(フ)ウェア》 do《ドゥー》 you《ユー》 want《ワ(ー)ント》 to《トゥー》 go《ゴウ》?

あなたはどこに行きたいですか。

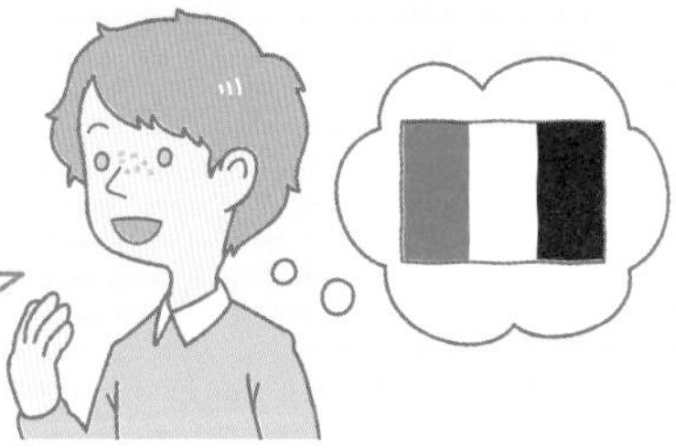

I《アイ》 want《ワ(ー)ント》 to《トゥー》 go《ゴウ》 to《トゥー》 Italy《イタリー》.

わたしはイタリアに行きたいです。

せつめい

たずねる 行きたい場所をたずねるときは、Where do you want to go?で、「あなたはどこに行きたいですか。」と表します。

こたえる 答えるときは、I want to go to～.で、「わたしは～に行きたいです。」となります。「～」には、国や場所を表す言葉が入ります。

ききトリ 音声を聞き、英語の言葉を言いかえて、文を読んでみましょう。 トラック145～146

Where do you want to go?

I want to go to Italy .

いいかえよう 国の名前を表す英語

□Brazil
（ブラジル）

□Canada
（カナダ）

□Egypt
（エジプト）

□India
（インド）

□France
（フランス）

□China
（中国）

□Australia
（オーストラリア）

□Spain
（スペイン）

□the USA
（アメリカ合衆国《がっしゅうこく》、米国）

ワンポイント

want toのtoの後ろには、goなどの動作を表す英語が入るよ。go toのtoの後ろには、国や場所を表す英語が入ることに注意しよう。

これを知ったらワンダフル!

アメリカ合衆国を表すthe USA のUSA は、United States of Americaを短くしたものだよ。

ぴったり2

# 練習

学習日　　月　　日

**?ぴったりクイズ** 答えはこのページの下にあるよ！

英語で表したときに、正式名称《めいしょう》が世界一短い国名はどこか、知っているかな？

## かきトリ　英語をなぞり、声に出してみましょう。

できたらチェック！ 書く □ 話す □

□オーストラリア
Australia

□フランス
France

□ブラジル
Brazil

□アメリカ合衆国、米国
the USA

□スペイン
Spain

□カナダ
Canada

□インド
India

□中国
China

□エジプト
Egypt

**ヒント**
Egypt は gy の
つづりに注意
しよう。

□あなたはどこに行きたいですか。
Where do you want to go?

□わたしはイタリアに行きたいです。
I want to go to Italy.

▶読み方が分からないときは、左ページにもどって音声を聞いてみましょう。

## やりトリ　自分が行ってみたい国の名前を書いて、声に出してみよう。

できたらチェック！ 書く □ 話す □

**つたえるコツ**
国名を表す英語は、日本語の
発音とのちがいに注意して、
はっきり伝えるようにしよう。

Where do you want to go?

I want to go to ＿＿＿＿＿＿＿＿.

▶あてはめる英語は、左のページや付録の小冊子、教科書や辞書などから探してみよう！

答える練習ができたら、次は誰かに質問してみよう！

**ぴったりクイズの答え**
実はJapan（日本）は、正式名称を英語で表したときに一番文字数が少ない国名なんだよ。ほかにも5文字の国名をさがしてみよう。

ぴったり1 準備

# Unit 9 したいことについて話そう②

学習日　　月　　日

めあて
自分のしたいことを相手に伝えることができるようになろう

## したいことの伝え方

ききトリ　音声を聞き、声に出してみましょう。　トラック147~148

I《アイ》 want《ワ(ー)ント》 to《トゥー》 eat《イート》 pizza《ピーツァ》.
わたしはピザを食べたいです。

せつめい　つたえる　I want to ~.で「わたしは~したいです。」と伝えることができます。この「~」にはeat pizza（ピザを食べる）など、動作を表す言葉が入ります。

ききトリ　音声を聞き、英語の単語を言いかえて、文を読んでみましょう。　トラック149~150

I want to **eat pizza** .

いいかえよう　動作を表す英語

□eat curry
（カレーを食べる）

□see pandas
（パンダを見る）

□take a bath
（風呂に入る）

| | | |
|---|---|---|
| □eat ice cream（アイスクリームを食べる） | □see elephants（ゾウを見る） | □buy a watch（時計を買う） |
| □eat dinner（夕食を食べる） | □see tigers（トラを見る） | □buy a book（本を買う） |
| □draw a picture（絵を描く） | □sing well（上手に歌う） | □go to bed（寝る） |
| □swim in the river（川で泳ぐ） | □go skiing（スキーに行く） | □ride a unicycle（一輪車に乗る） |

**ワンポイント**
eat, see, buy など、toのすぐあとに入る英語が動作の意味を持つ単語だよ。

**これを知ったらワンダフル!**
take a bathのbathにある"th"は、日本語にはない音だよ。したを上の前歯に軽く当てて、のどをふるわせずに、すきまから息を出すようにして「ス」と言ってみよう。

ぴったり2

# 練習

学習日　　月　　日

**?ぴったりクイズ** 答えはこのページの下にあるよ！

I want toには別の言い方があるよ。それは何か分かるかな？

## かきトリ 英語をなぞり、声に出してみましょう。

できたらチェック！ 書く □ 話す □

**ヒント**
see, curry, pizza など、同じアルファベットが続く英語に注意しよう。

□カレーを食べる

eat curry

□パンダを見る

see pandas

□風呂に入る

take a bath

□ゾウを見る

see elephants

□腕時計を買う

buy a watch

□本を買う

buy a book

□上手に歌う

sing well

□寝る

go to bed

□わたしはピザを食べたいです。

I want to eat pizza.

□わたしはスキーに行きたいです。

I want to go skiing.

▶読み方がわからないときは、左ページにもどって音声を聞いてみましょう。

## やりトリ 自分がしたいことを、伝えてみましょう。

できたらチェック！ 書く □ 話す □

I want to ＿＿＿＿＿＿＿＿＿＿

＿＿＿＿＿＿＿＿＿＿＿＿＿＿.

**つたえるコツ**
長い文ほど伝えたい部分を強く言うことが大事。I want to swim in the river.なら want, swim, riverを意識して強く言おう。

▶あてはめる英語は、左のページや付録の小冊子、教科書や辞書などから探してみよう！

答える練習ができたら、次は誰かに質問してみよう！

**ぴったりクイズの答え** I want toは、会話ではI wanna[アイ **ワ**ナ]と言うことがあるよ。

ぴったり1 準備

# Unit 9 したいことについて話そう③

学習日 月 日

めあて
行ってみたい国や、そこでできることを伝えることができるようになろう。

## 行きたい国やそこでできることの伝え方

**ききトリ** 音声を聞き、声に出してみましょう。 トラック151～152

**Let's《レッツ》 go《ゴウ》 to《トゥー》 Italy《イタリー》. We《ウィー》 can《キャン》 eat《イート》 pizza《ピーツァ》.**
イタリアに行きましょう。 わたしたちはピザを食べることができます。

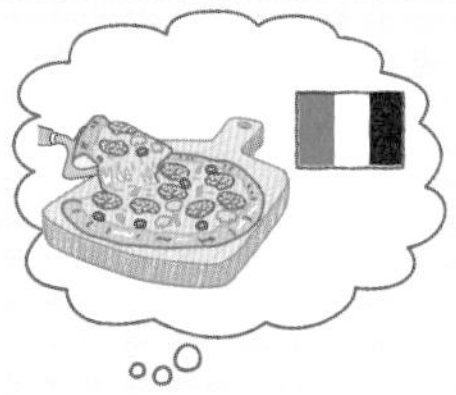

**せつめい** **つたえる** 人を行きたい場所にさそうときは、〈Let's go to＋場所.〉で、「～に行きましょう。」と表します。そしてWe can ～.を使い、「わたしたちは～ができます。」とそこでできることを続けて言います。

**ききトリ** 音声を聞き、英語の言葉を言いかえて、文を読んでみましょう。 トラック153～156

「イタリアに行きましょう。ピザを食べることができます。」と伝えるとき

**Let's go to Italy. We can eat pizza.**

いいかえよう
□visit the Colosseum（コロセウムを訪《おとず》れる）
□buy delicious sweets（おいしいおかしを買う）

※Colosseumはローマにある、約2000年前に作られた闘技場《とうぎじょう》。

**ワンポイント**
Let'sはLet usを短くした形だけど、Let'sの形で覚えておこう。

「オーストラリアに行きましょう。カンガルーを見ることができます。」と伝えるとき

**Let's go to Australia. We can see kangaroos.**

いいかえよう
□swim in January（1月に泳ぐ）
□visit Uluru（ウルルを訪ねる）

※Uluruは世界で2番目に大きい一枚岩。世界遺産《いさん》に指定されている。

**これを知ったらワンダフル！**
We can ～. の代わりにYou can ～.と言うこともできるよ。

学習日　　月　　日

**？ぴったりクイズ**　答えはこのページの下にあるよ！

名前がある川に由来していると言われているアジアの国は、どこか知っているかな？

## かきトリ　英語をなぞり、声に出してみましょう。

できたらチェック！　書く　話す

□コロセウムを訪れる

visit the Colosseum

□おいしいおかしを買う

buy delicious sweets

□カンガルーを見る

see kangaroos

□ウルルを訪れる

visit Uluru

□イタリアに行きましょう。

Let's go to Italy.

□わたしたちはピザを食べることができます。

We can eat pizza.

▶読み方が分からないときは、左ページにもどって音声を聞いてみましょう。

## やりトリ　自分の行きたい国とそこでできることを書いて、声に出してみましょう。

できたらチェック！　書く　話す

Let's go to ＿＿＿＿＿＿＿＿.

We can ＿＿＿＿＿＿＿＿.

Yes, let's.

▶あてはめる英語は、左のページや付録の小冊子、教科書や辞書などから探してみよう！

**つたえるコツ**

行きたい国でできることとして、その国の有名なことを言うと、その国へ行きたい理由が伝わりやすいよ。

練習ができたら、次は誰かに伝えてみよう！

**ぴったりクイズの答え**　答えはインドだよ。インダス川が国名の由来となったと言われているよ。

ぴったり3

# 確かめのテスト

# Unit 9 したいことについて話そう ①～③

時間 30 分

／100

合格 80 点

答え 15ページ

## 1 音声の内容に合う絵を、下の㋐～㋒から選び、(　　　)に記号を書きましょう。

トラック157

技能 1問5点(10点)

㋐

㋑

㋒

(1) (　　　　　) (2) (　　　　　)

## 2 音声を聞いて、内容に合う絵を線で結びましょう。

トラック158

1問完答15点(45点)

(1)

Momoka

(2)

Kevin

(3)

Emma

ふりかえり ❷が分からないときは、88, 90, 92ページにもどって確認《かくにん》してみよう。

## 3 日本文に合う英語の文になるように、　　の中から語を選び、　　に書き、文全体をなぞりましょう。２回使う語もあります。文の最初の文字は大文字で書きましょう。

1つ5点(25点)

(1) ニュージーランドに行きましょう。

＿＿＿ go to New Zealand.

(2) わたしたちはラグビーの試合を見ることができます。

＿＿＿ ＿＿＿ watch rugby games.

(3) わたしたちは美しい山を見ることができます。

＿＿＿ ＿＿＿ see beautiful mountains.

can　　let's　　we

## 4 絵のなかの男の子になったつもりで、みんなに向かって言ってみましょう。　　の中から文を選び、　　に書きましょう。

思考・判断・表現　1問10点(20点)

(1) ＿＿＿＿＿＿＿＿

(2) ＿＿＿＿＿＿＿＿

Let's go to China.　　We can see pandas.

Let's go to Kenya.　　We can see elephants.

この本の終わりにある「春のチャレンジテスト」をやってみよう！

この本の終わりにある「学力診断テスト」をやってみよう！

# パズルにチャレンジ！

**1** 絵に合う英語を３つ見つけて○でかこみましょう。

| | | | | | | | |
|---|---|---|---|---|---|---|---|
| s | l | e | e | p | y | s | k |
| z | f | u | q | m | l | a | s |
| b | a | s | e | b | a | l | l |
| t | v | y | w | d | e | a | c |
| g | b | m | z | r | i | b | t |
| u | m | b | r | e | l | l | a |

**2** 絵に合う英語になるように、□にアルファベットを書きましょう。

p □ n g □ i n

r

e

e

t r i a □ □ l e

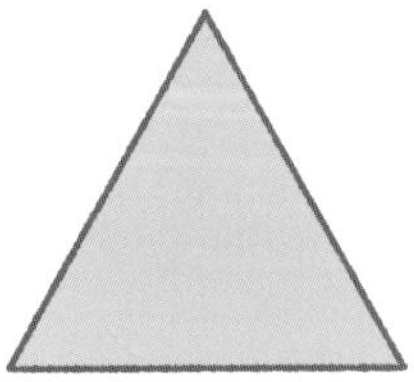

【こたえ】

1 sleepy / baseball / umbrella

2 penguin / green / triangle

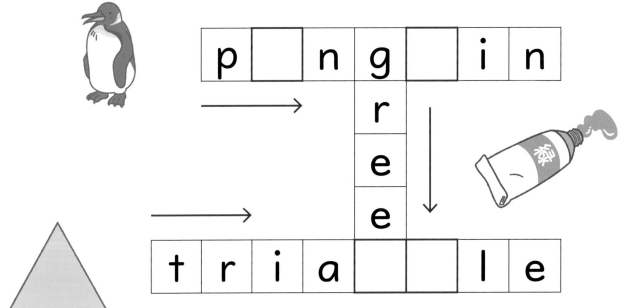

# スピーキングにチャレンジ

スピーキングアプリ

このマークがあるページで、アプリを使うよ！

## はじめに

- この章《しょう》は、ふろくの専用《せんよう》アプリ「ぴたトレスピーキング」を使用《しよう》して学習《がくしゅう》します。以下《いか》のストアから「ぴたトレスピーキング」と検索《けんさく》、ダウンロードしてください。

Google Play で手に入れよう　App Store からダウンロード

- 学習《がくしゅう》する学年をえらんだら、以下のアクセスコードを入力してご利用《りよう》ください。

**426**　※このアクセスコードは学年によって異なります。

- くわしい使い方は、アプリの中の「このアプリについて」をご確認《かくにん》ください。

## アプリのせつめい

- このアプリでは、英語を話す練習ができます。
- 会話のときは、役になりきって、じっさいの会話のようにターンごとに練習することができます。
- スコアは「発音」「よくよう（アクセント）」をもとに判定《はんてい》されます。

## スピーキング紙面のせつめい

はじめに　単語《たんご》の発音《はつおん》を練習《れんしゅう》しましょう。

① happy　② tired

→ 単語の発音の練習をしましょう。

やりトリ　会話の練習をしましょう。

エミとケンタがあいさつをしています。アプリに音声をふきこんで、正しい発音を身につけましょう。

Hello. How are you?
こんにちは。お元気ですか。

I'm great, thank you.
とても元気です、ありがとうございます。

→ 会話の練習をします。どちらか一方になったつもりで話してみましょう。一方が終わったら、もう一方のターンの練習もすることができます。

やりトリ　もう一度練習をしましょう。

アプリを使って、会話の練習をしましょう。80点がとれたら、今度は▇▇の言葉を自分で言いかえてみましょう。

Emi：Hello. How are you?
Kenta：I'm great, thank you.

・fine　・sleepy　・hungry

→ 言いかえることのできる言葉を選《えら》んで、読んでみましょう。

※本サービスの内容により生じたトラブルや損害については、弊社では補償いたしかねます。また、お使いの端末や環境によっては、動作を保障できないものがあります。予めご了承の上、ご利用ください。
※本サービスは無料ですが、通信料・プロバイダ接続料はお客様負担となります。
※サービス内容等は予告なく変更することがございます。
●推奨環境　スマートフォン、タブレット等（iOS16以上/Android11以上）

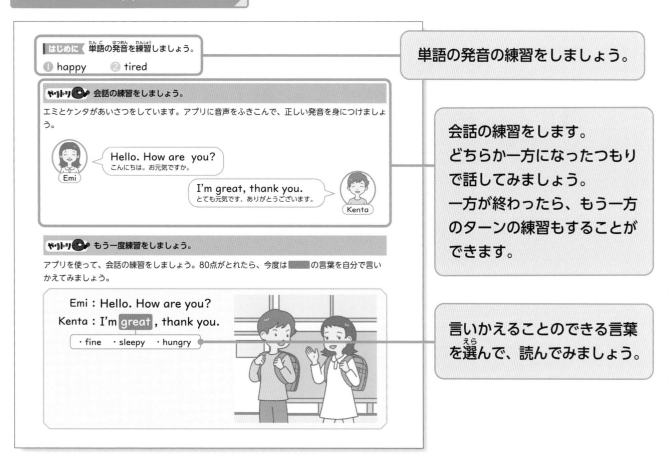

学習日　　月　　日

# 第1回 自己しょうかいをする

スピーキングアプリ

**はじめに** 単語の発音を練習しましょう。

1 white　　2 volleyball　　3 foxes

**ヤリトリ** 会話の練習をしましょう。

エミとケンタがお互いの名前と好きなものについて話しています。アプリに音声をふきこんで、正しい発音を身につけましょう。

How do you spell your name?
あなたはどのように名前をつづりますか。

K-E-N-T-A. Kenta.
K-E-N-T-A. ケンタです。

What sport do you like?
何のスポーツがすきですか。

I like tennis.
わたしはテニスがすきです。

**ヤリトリ** 発表の練習をしましょう。

教室で行われている発表について、エミになったつもりでアプリを使って練習してみましょう。
80点がとれたら、今度は■の言葉を自分で言いかえてみましょう。

Hello, my name is Emi. E-M-I.

I like **horses**.

・koalas　・foxes　・lions

I don't like **table tennis**.

・soccer　・badminton　・dodgeball

# 第2回 たん生日やほしいものをいう

学習日　　月　　日

スピーキングアプリ

**はじめに** 単語の発音を練習しましょう。

① February　② ruler　③ thirty　④ scissors

## やりトリ 会話の練習をしましょう。

エミとケンタがたん生日について話しています。アプリに音声をふきこんで、正しい発音を身につけましょう。

**When is your birthday?**
あなたのたん生日はいつですか。

**My birthday is April 13th.**
わたしのたん生日は４月13日です。

**What do you want for your birthday?**
あなたはたん生日になにがほしいのですか。

**I want a new watch.**
わたしは新しいうで時計がほしいです。

## やりトリ 発表の練習をしましょう。

教室で行われている発表について、エミになったつもりでアプリを使って練習してみましょう。
80点がとれたら、今度は■の言葉を自分で言いかえてみましょう。

My birthday is August **22nd**.

・12th　・20th　・31st

I want **a white pencil case**.

・a blue cap　・a pink cup　・a black bike

学習日　　月　　日

# 第3回　できること/できないことを伝える

スピーキングアプリ

**はじめに**　単語の発音を練習しましょう。

① run　② turn　③ xylophone

**やりトリ**　会話の練習をしましょう。

エミとケンタがお互いのできることとできないことについて話しています。アプリに音声を吹き込んで、正しい発音を身につけましょう。

Can you swim fast?
あなたは速く泳ぐことができますか。

Yes, I can. I can swim fast.
How about you?
はい、わたしは速く泳ぐことができます。あなたはどうですか。

I can't swim fast. Can you dance?
わたしは速く泳ぐことができません。
あなたはダンスをすることができますか。

No, I can't. I can't dance.
いいえ、わたしはダンスをすることができません。

**やりトリ**　発表の練習をしましょう。

教室で行われている発表について、エミになったつもりでアプリを使って練習してみましょう。80点がとれたら、今度は■の言葉を自分で言いかえてみましょう。

I like **music.**

・arts and crafts.　・P.E.　・home economics.

I can **play the piano**.

・draw pictures well　・run fast　・cook

I can't **ride a unicycle**.

・sing well　・play baseball　・ride a horse

学習日　　月　　日

# 第4回 身近な人をしょうかいする

スピーキングアプリ

**はじめに** 単語の発音を練習しましょう。

① astronaut　② girl　③ aunt

## ヤりトり 会話の練習をしましょう。

エミとケンタが、写真の人物について話しています。アプリに音声をふきこんで、正しい発音を身につけましょう。

Emi

Who is this?
こちらはどなたですか。

Kenta

This is Hayato. He is my brother.
He is very active.
こちらははやとです。彼はわたしの兄です。彼はとても活動的です。

Emi

Can he play soccer well?
彼はサッカーを上手にすることができますか。

Kenta

Yes, he can.
はい、できます。

## ヤりトり 発表の練習をしましょう。

エミが写真を見せながら発表しています。エミになったつもりでアプリを使って練習してみましょう。80点がとれたら、今度は■の言葉を自分で言いかえてみましょう。

This is Hana. She is my **sister**.

・friend　・cousin　・neighbor

She is **brave**.

・funny　・kind　・smart

She can **play the recorder**.

・cook curry　・sing the ABC song　・play *shogi*

学習日　　月　　日

# 第5回 道案内をする

スピーキングアプリ

**はじめに** 単語の発音を練習しましょう。

1 library　　2 aquarium　　3 restaurant

## やりトリ 会話の練習をしましょう。

エミとケンタが、街にあるものについて話しています。アプリに音声をふきこんで、正しい発音を身につけましょう。

What do you have in your town?
あなたの街にはなにがありますか。

We have a famous castle.
有名なお城があります。

Where is the castle?
そのお城はどこですか。

Go straight for three blocks.
You can see it on your right.
3つ角をまっすぐ行きます。右に見えます。

## やりトリ 発表の練習をしましょう。

エミが道案内をしています。エミになったつもりでアプリを使って練習してみましょう。80点がとれたら、今度は■の言葉を自分で言いかえてみましょう。

We have a great **shrine** in our town.

・stadium　・temple　・aquarium

It's by the **hospital**.

・zoo　・museum　・station

Go straight for two blocks. You can see it on your **left**.

・right

学習日　月　日

# 第6回　レストランで注文をする

スピーキングアプリ

**はじめに**　単語の発音を練習しましょう。

① noodles　② sour

## やりトリ　会話の練習をしましょう。

ケンタがお店で注文をしています。アプリに音声をふきこんで、正しい発音を身につけましょう。

Ms. Parker

What would you like?
何になさいますか。

Kenta

I'd like pizza, French fries,
and mineral water. How much is it?
ピザと、ポテトフライと、ミネラルウォーターをお願いします。
いくらですか。

Ms. Parker

It's 980yen.
980円です。

## やりトリ　発表の練習をしましょう。

エミが好きな食べ物について発表しています。エミになったつもりでアプリを使って練習してみましょう。80点がとれたら、今度は■の言葉を自分で言いかえてみましょう。

This is **a vegetable pizza** .

・ramen　・shaved ice　・cheese omelet

It's **spicy** .

・hot　・cold　・soft

It's **480** yen.

・500　・350　・830

# 第7回　あこがれの人をしょうかいする

スピーキングアプリ

**はじめに**　単語の発音を練習しましょう。

1 shy　　2 shoulder　　3 farmer

## ヤリトリ　会話の練習をしましょう。

エミとケンタがあこがれの人について話しています。アプリに音声をふきこんで、正しい発音を身につけましょう。

Emi

Who is your hero?
あなたのヒーローはだれですか。

My hero is a famous singer.
She is good at singing
and playing the guitar.
わたしのヒーローは有名な歌手です。
彼女は歌うこととギターをひくことが得意です。

Kenta

Emi

That's great.
それはすてきですね。

## ヤリトリ　発表の練習をしましょう。

教室で行われている発表について、エミになったつもりでアプリを使って練習してみましょう。
80点がとれたら、今度は の言葉を自分で言いかえてみましょう。

My hero is my father.

He is a teacher.

・a firefighter　・a writer　・a farmer

He is good at fishing.

・playing soccer　・speaking English　・swimming

He is great.

・amazing　・kind　・strong

# 夏のチャレンジテスト

月　　日

名前

時間 40分

| 知識・技能 | 思考・判断・表現 | 合格80点 |
| --- | --- | --- |
| /50 | /50 | /100 |

答え16～17ページ

（切り取り線）

## 知識・技能

**1** 音声の内容に合う絵を下から選び、（　　）に記号を書きましょう。

トラック159　1問4点(8点)

㋐

Emma

㋑

Kevin

㋒

Kevin

(1)（　　　　）(2)（　　　　）

**2** 会話の内容に合う絵を下から選び、（　　）に記号を書きましょう。

トラック160　1問4点(12点)

(1) ㋐ 6月17日　㋑ 7月17日　㋒ 8月17日

(2) ㋐

㋑

㋒

(3) ㋐

㋑

㋒

(1)（　　　　）(2)（　　　　）(3)（　　　　）

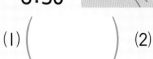

## 3 音声を聞き、それぞれ家でどんな仕事をどれくらいしているかを線で結びましょう。

トラック161　1問完答で5点(15点)

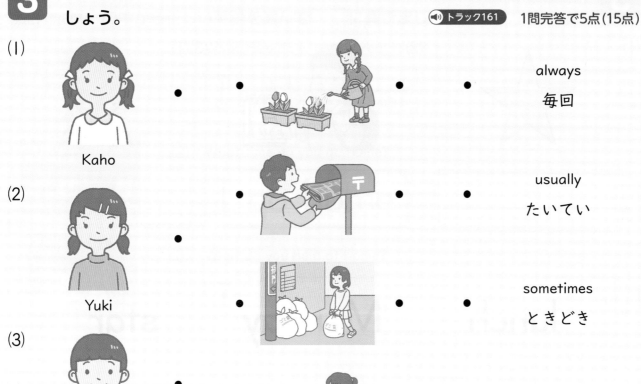

(1)

Kaho

(2)

Yuki

(3)

Riku

always
毎回

usually
たいてい

sometimes
ときどき

never
まったくしない

（切り取り線）

## 4 品物を見ながら話しているJimmyとSakuraの会話を聞いて、質問に日本語で答えましょう。

トラック162　1問5点(10点)

| |
|---|
| ほしい人にさしあげます！<br>ご自由にお持ちください。 |

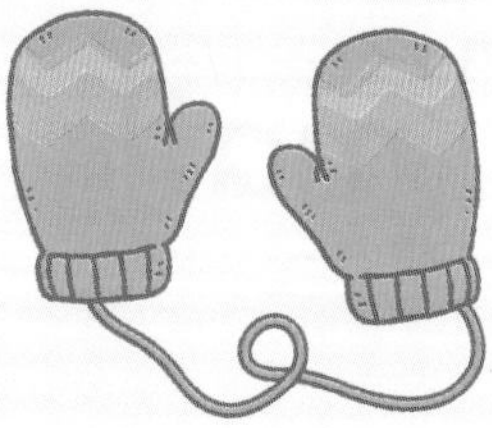

(1) Sakuraのほしい物は何ですか。　(　　　　　　)

(2) Jimmyの好きな色は何色ですか。　(　　　　　　)

うらにも問題があります。

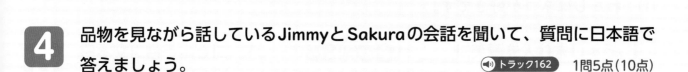

# 冬のチャレンジテスト

| | |
|---|---|
| 名前 | 月　　日 |

時間 40分

| 知識・技能 | 思考・判断・表現 | 合格80点 |
|---|---|---|
| /50 | /50 | /100 |

答え18〜19ページ

## 知識・技能

## 1 音声の内容に合う絵を下から選び、(　　)に記号を書きましょう。

トラック163　1問4点(8点)

㋐

Ken

㋑

Momoka

㋒

(1)(　　　)　(2)(　　　)

## 2 会話の内容に合う絵を下から選び、(　　)に記号を書きましょう。

トラック164　1問4点(12点)

(1)　㋐

㋑

㋒

(2)　㋐

㋑

㋒

(3)　㋐

㋑

㋒

(1)(　　　)　(2)(　　　)　(3)(　　　)

(切り取り線)

思考・判断・表現

## 3 音声を聞き、それぞれのできることとできないことを線で結びましょう。

トラック165　1問完答で5点(15点)

(1)

(2)

(3)

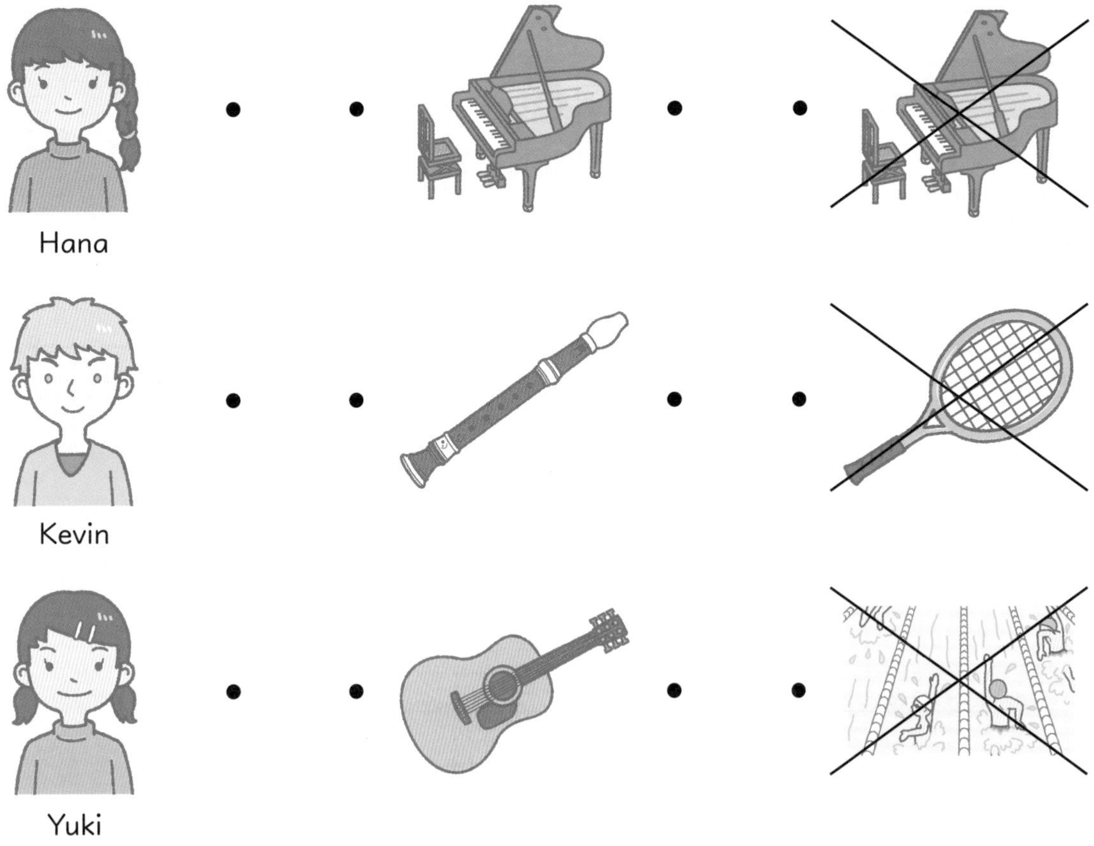


## 4 国旗のポスターを見ながら話しているJimmyとSakuraの会話を聞いて、質問に日本語で答えましょう。

トラック166　1問5点(10点)

国旗のイラスト

・アメリカ　・イギリス　・中国　・オーストラリア

(1) Jimmyの行きたい国はどこですか。　(　　　　　　)

(2) Sakuraが行きたい国でしたいことは何ですか。

(　　　　　　　　　　　　　　　　)

うらにも問題があります。

（切り取り線）

# 春のチャレンジテスト

| 月 | 日 |
|---|---|
| 名前 | |

時間 40分

| 知識・技能 | 思考・判断・表現 | 合格80点 |
|---|---|---|
| /50 | /50 | /100 |

答え20～21ページ

## 知識・技能

**1** 音声の内容に合う絵を下から選び、（　　）に記号を書きましょう。

トラック167　1問4点(8点)

㋐

㋑

㋒

(1)（　　　）　(2)（　　　）

**2** 会話の内容に合う絵を下から選び、（　　）に記号を書きましょう。

トラック168　1問4点(12点)

(1)　㋐

㋑

㋒

(2)　㋐

Girls' Lunch
570円

㋑

Girls' Lunch
580円

㋒

Girls' Lunch
590円

(3)　㋐

㋑

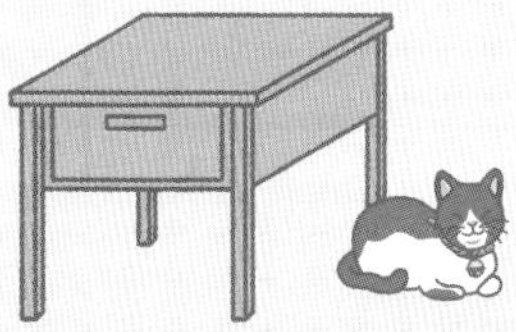

㋒

(1)（　　　）　(2)（　　　）　(3)（　　　）

（切り取り線）

## 3 次の絵はあなたの部屋です。次の質問を聞き、正しい英文を［　　］から選んで(1)〜(3)に記号で書きましょう。

トラック169　1問5点（15点）

㋐ It's on the chair.
㋑ It's under the desk.
㋒ It's in the bag.

(1)（　　　　）　(2)（　　　　）　(3)（　　　　）

（切り取り線）

## 4 地図を見て、道をたずねた女の人とそれに答える男の子の会話を聞き、下の質問に日本語で答えましょう。

トラック170　1問完答で5点（10点）

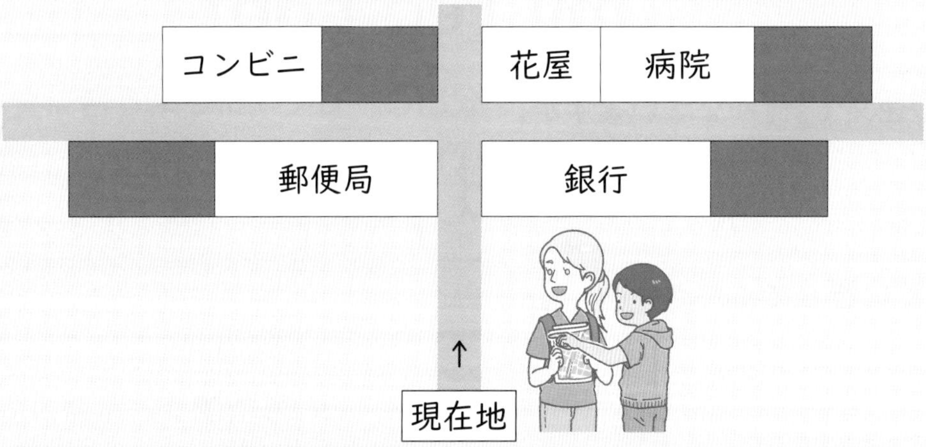


(1)　女の人は何がほしくてどこへ行きたいのですか。

（　　　　　　　　）がほしくて（　　　　　　　　）へ行きたい。

(2)　それは何のとなりだと男の子は答えましたか。

（　　　　　　　　　　　　　　　　）

うらにも問題があります。

思考・判断・表現

## 3 音声を聞き、それぞれの好きな教科と得意なことを線で結びましょう。

トラック173　1問完答で5点(15点)

(1)

Taiga

(2)

Keiko

(3)

Kevin

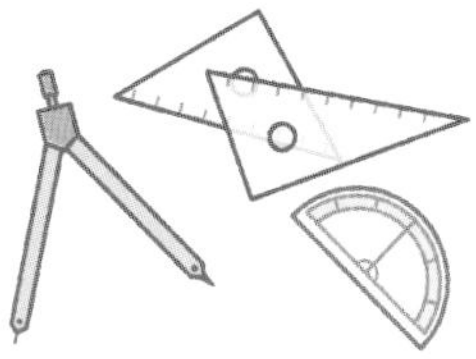

## 4 ポスターを見ながら案内を聞き、下の質問に日本語で答えましょう。

トラック174　1問5点(10点)

**School Camp**

**September 15-17**
**arts and crafts**
**calligraphy**
**cooking**
**sports & dancing**
**speaking English**

(1) 何のスポーツが楽しめますか。3つ答えましょう。

(　　　　　　　　　　　　　　　　)

(2) 昼食には何を作りますか。

(　　　　　　　　　　)

うらにも問題があります。

## 5 絵を見て、その内容を示す英語を、[　　]の中から選んで[　　]に書きましょう。

1問5点（15点）

(1)

(2)

(3)

Wednesday　guitar　Tuesday

## 6 日本文に合うように、グレーの部分はなぞり、[　　]の中から英語を選び，[　　]に書きましょう。文の最初の文字は大文字で書きましょう。

1問完答で5点（15点）

(1) わたしはたいてい食卓《しょくたく》の用意をします。

I ＿＿＿＿ set the table.

(2) わたしはピザを食べたいです。

I ＿＿＿＿ to ＿＿＿＿ pizza.

(3) カナダに行きましょう。

＿＿＿＿ ＿＿＿＿ to Canada.

go　eat　let's　usually　want

## 7 絵の中の男の子になったつもりで自己しょうかいをしましょう。グレーの部分はなぞり、[ ]の中から正しい英語を選んで[ ]に書きましょう。

1問5点(15点)

リク

(1) Hi, [　　　　　　　　] .

(2) I [　　　　　　　　] .

(3) [　　　　　　　　] .

I'm good at playing tennis　　I'm Riku

can swim　　can run fast

## 8 日本文に合うように、グレーの部分はなぞり、[ ]に英語を入れましょう。文の最初の文字は大文字で書きましょう。

1問5点(10点)

(1) わたしはじょうずにおどることができません。

[　　　　　　　　] well.

(2) あなたはどこへ行きたいですか。

[　　　　　　　　] to go?

**5年**
**英語のまとめ**

# 学力診《しん》断《だん》テスト

月　　日

名前

時間 40分

| 知識・技能 | 思考・判断・表現 | 合格80点 |
|---|---|---|
| /50 | /50 | /100 |

答え22〜23ページ

知識・技能

## 1 音声の内容に合う絵を下から選び、(　　　)に記号を書きましょう。

トラック171　1問4点(8点)

ア

イ
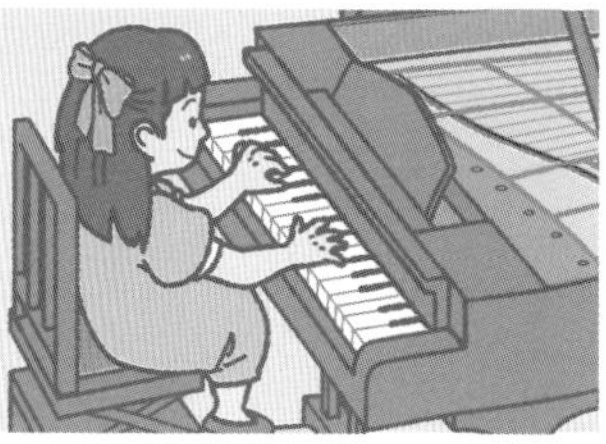

ウ

12月

(1)(　　　　)　(2)(　　　　)

## 2 会話の内容に合う絵を下から選び、(　　　)に記号を書きましょう。

トラック172　1問4点(12点)

(1) ア

イ

ウ

(2) ア

イ

ウ

(3) ア

イ

ウ

(1)(　　　　)　(2)(　　　　)　(3)(　　　　)

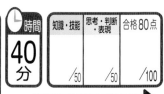

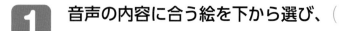

教科書ぴったりトレーニング

# 丸つけラクラク解答

**全教科書版 英語5年**

この「丸つけラクラク解答」は
とりはずしてお使《つか》いください。

「丸つけラクラク解答」では問題《もんだい》と同じ紙面《しめん》に、赤字で答えを書いています。

①問題がとけたら、まずは答え合わせをしましょう。

②まちがえた問題やわからなかった問題は、てびきを読んだり、教科書を読み返したりしてもう一度《いちど》見直しましょう。

**おうちのかたへ** では、次のようなものを示しています。

- 学習のねらいやポイント
- 他の学年や他の単元の学習内容とのつながり
- まちがいやすいことやつまずきやすいところ

お子様への説明や、学習内容の把握などにご活用ください。

**見やすい答え**

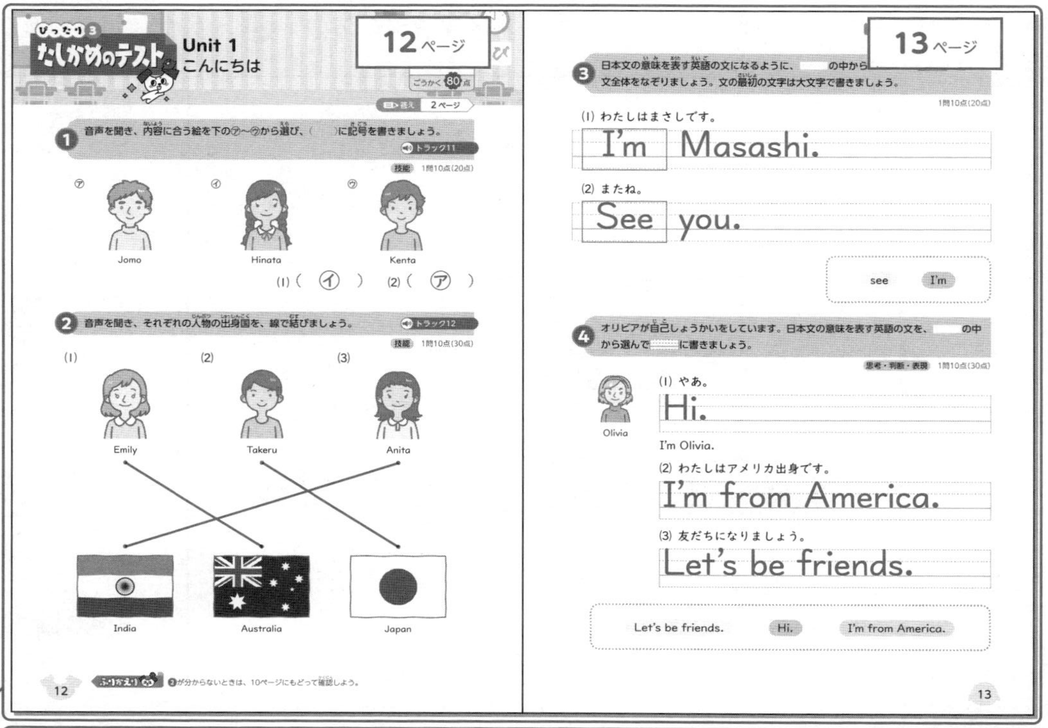

12ページ

ぴったり3 たしかめのテスト Unit 1 こんにちは

ごうかく80点 答え 2ページ

1 音声を聞き、内容に合う絵を下の㋐～㋒から選び、（ ）に記号を書きましょう。 トラック11 技能 1問10点(20点)

㋐ Jomo ㋑ Hinata ㋒ Kenta

(1)（ ㋑ ） (2)（ ㋐ ）

2 音声を聞き、それぞれの人物の出身国を、線で結びましょう。 トラック12 技能 1問10点(30点)

(1) Emily (2) Takeru (3) Anita

India Australia Japan

ふりかえり 2が分からないときは、10ページにもどって確認しよう。

12

13ページ

3 日本文の意味を表す英語の文になるように、 の中から 文全体をなぞりましょう。文の最初の文字は大文字で書きましょう。 1問10点(20点)

(1) わたしはまさしです。 I'm Masashi.

(2) またね。 See you.

see I'm

4 オリビアが自己しょうかいをしています。日本文の意味を表す英語の文を、 の中から選んで に書きましょう。 思考・判断・表現 1問10点(30点)

Olivia

(1) やあ。 Hi. I'm Olivia.

(2) わたしはアメリカ出身です。 I'm from America.

(3) 友だちになりましょう。 Let's be friends.

Let's be friends. Hi. I'm from America.

13

**くわしいてびき**

1 Hello.(こんにちは。)やHi.(やあ。)というあいさつのあとに、I'm ～.(わたしは～です。)と名前が読まれます。I'mのあとの名前に注意《ちゅうい》して聞き取《と》りましょう。

2 I'm from ～.(わたしは～出身《しゅっしん》です。)と出身国を伝《つた》える英語《えいご》が読まれます。fromのあとの国を表《あらわ》す言《こと》葉《ば》に注意して聞き取りましょう。

3 名前を伝える表現《ひょうげん》と、別《わか》れのあいさつを練習《れんしゅう》しましょう。See you.(またね。)は人と別れるときに使《つか》うあいさつです。

4 自己《じこ》しょうかいをするときは、はじめにあいさつをして、名前や出身国を伝えます。最後《さいご》にLet's be friends.(友だちになりましょう。)などと言うのもよいでしょう。

2

**読まれる英語**

読まれる英語

1 (1)Hello! I'm Hinata.
(2)Hi. I'm Jomo.

2 (1)I'm Emily. I'm from Australia.
(2)I'm Takeru. I'm from Japan.
(3)Hello. I'm Anita. I'm from India.

**おうちのかたへ**

おうちのかたへ

このユニットではあいさつや自分の名前と出身国の伝え方を練習しました。日常生活でお子さまとHi.やSee you.などのあいさつを交わしたり、簡単な自己紹介をしあったりして、英語に触れる時間をとってみてください。

※紙面はイメージです。

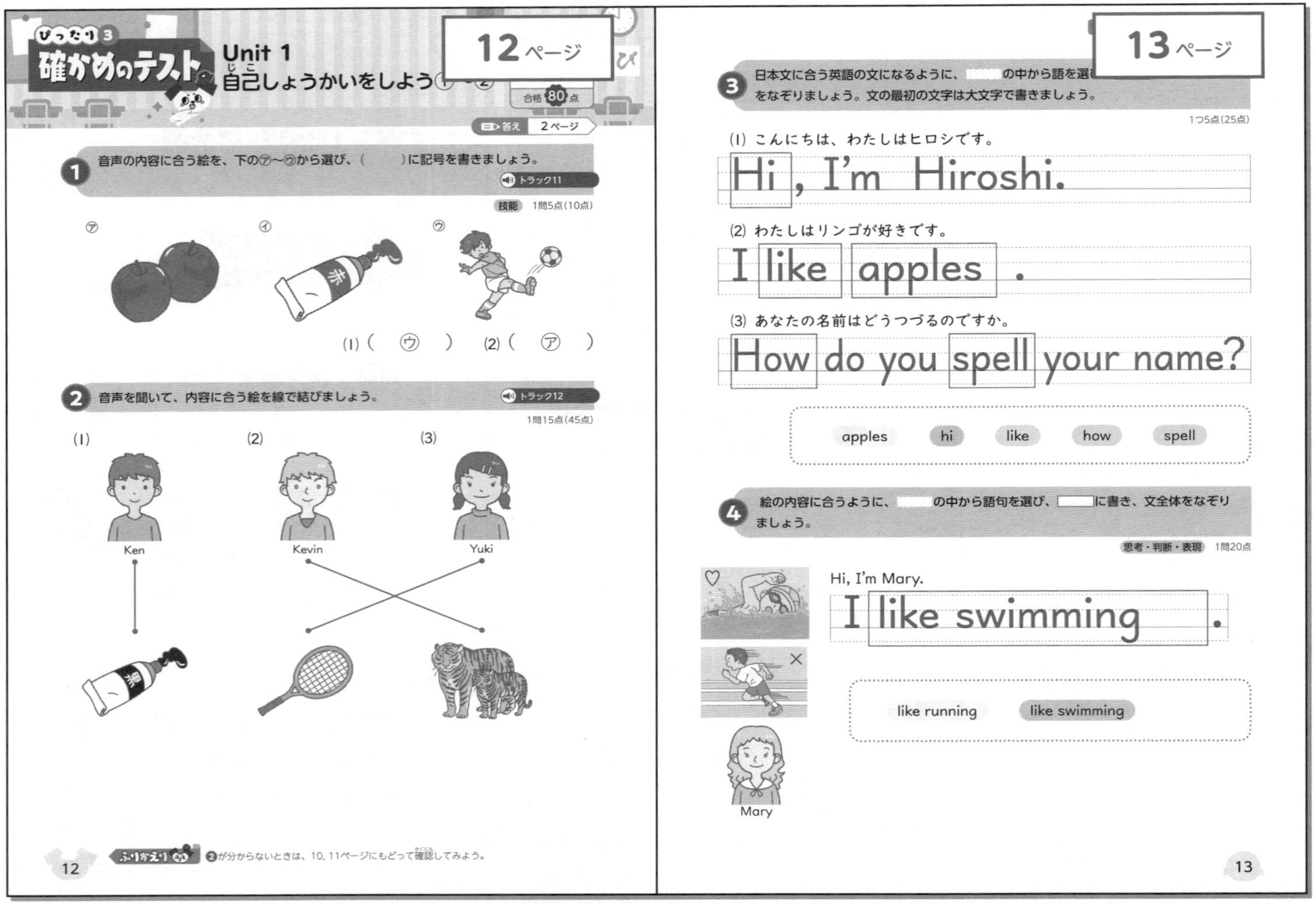
ぴったり3 確かめのテスト

Unit 1 自己《じこ》しょうかいをしよう①〜②

12ページ

合格80点　答え 2ページ

1 音声の内容に合う絵を、下の㋐〜㋒から選び、（　）に記号を書きましょう。　トラック11　技能　1問5点（10点）

㋐　㋑　㋒

(1)（ ㋒ ）　(2)（ ㋐ ）

2 音声を聞いて、内容に合う絵を線で結びましょう。　トラック12　1問15点（45点）

(1) Ken　(2) Kevin　(3) Yuki

ふりかえり　2が分からないときは、10、11ページにもどって確認してみよう。

12

13ページ

3 日本文に合う英語の文になるように、　の中から語を選び、　をなぞりましょう。文の最初の文字は大文字で書きましょう。　1つ5点（25点）

(1) こんにちは、わたしはヒロシです。

Hi, I'm Hiroshi.

(2) わたしはリンゴが好きです。

I like apples .

(3) あなたの名前はどうつづるのですか。

How do you spell your name?

apples　hi　like　how　spell

4 絵の内容に合うように、　の中から語句を選び、　に書き、文全体をなぞりましょう。　思考・判断・表現　1問20点

Hi, I'm Mary.

I like swimming .

Mary

like running　like swimming

13

## 読まれる英語

1 (1) soccer

(2) apples

2 (1) ケン：Hi, I'm Ken.  I like black.

(2) ケビン：Hi, I'm Kevin.  I like tigers.

(3) ユキ：Hi, I'm Yuki.  I like tennis.

## おうちのかたへ

このユニットでは、あいさつと名前のつづりの答え方、自分の好きなものを伝える表現の練習をしました。How do you spell your name?と質問して、つづりを答える練習をしてみてください。

2 I like 〜で自分の好きなものを伝えています。

(1) ケンは黒が好きだと言っています。

(2) ケビンはトラが好きだと言っています。

(3) ユキはテニスが好きだと言っています。

3 (1) 文の始めが大文字になることを忘れないようにしましょう。「こんにちは」はHiで表します。

(3) ここも文の始めなので最初の文字は大文字です。「どう」→「どのように」はHowです。

4 絵を見ると泳ぐことに♡、走ることに×があるので、I に続くのはlike swimmingとなります。swimのing形は最後の文字を重ねることに注意！

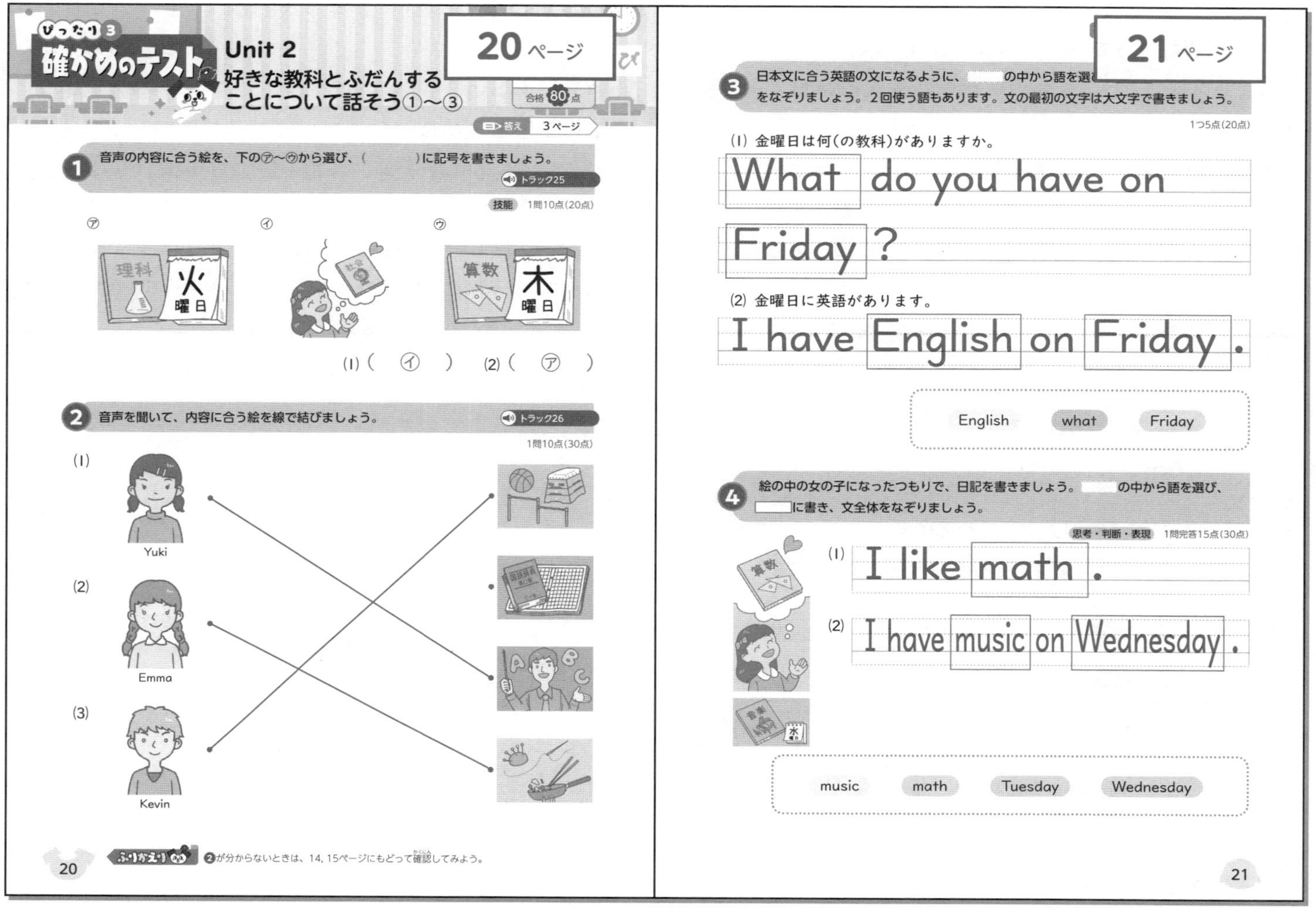

20 ページ

ぴったり3 確かめのテスト Unit 2 好きな教科とふだんすることについて話そう①～③

合格 80 点　答え 3ページ

1 音声の内容に合う絵を、下の㋐～㋒から選び、（　　）に記号を書きましょう。　トラック25　技能　1問10点(20点)



(1)（ ㋑ ）　(2)（ ㋐ ）

2 音声を聞いて、内容に合う絵を線で結びましょう。　トラック26　1問10点(30点)



20　ふりかえり　2が分からないときは、14、15ページにもどって確認《かくにん》してみよう。

21 ページ

3 日本文に合う英語の文になるように、　　の中から語を選び、　　をなぞりましょう。2回使う語もあります。文の最初の文字は大文字で書きましょう。　1つ5点(20点)

(1) 金曜日は何(の教科)がありますか。

What do you have on Friday ?

(2) 金曜日に英語があります。

I have English on Friday .

English　what　Friday

4 絵の中の女の子になったつもりで、日記を書きましょう。　　の中から語を選び、　　に書き、文全体をなぞりましょう。　思考・判断・表現　1問完答15点(30点)



(1) I like math .

(2) I have music on Wednesday .

music　math　Tuesday　Wednesday

21

**読まれる英語**

1 (1) I like social studies very much.

(2) I study science on Tuesday.

2 (1) スミス先生：What subject do you like, Yuki?

ユキ：I like English very much.

(2) スミス先生：What subject do you like, Emma?

エマ：I like home economics.

(3) ケビン：I'm Kevin. I like P.E. It's fun.

**おうちのかたへ**

このUnitでは、好きな教科と、何曜日に何の教科を勉強するかについてのやりとりを学びました。確かめのテストでは短い日記として「書くこと」も扱っています。

お子さんが、時間割を見ながら翌日の授業に必要な教科書を準備しているときなどに、〈What do you have on＋曜日？〉(何曜日に何の授業があるか)、〈What subject do you like?〉(好きな教科は何か)などを英語できいてみてください。日々のコミュニケーションに英語を取り入れ、英語に慣れることがとても大切です。

1 絵をよく見て、音声をしっかり聞き取り、正しいものを選びましょう。

2 (1)(2)「好きな教科は何ですか。」と聞かれ、ユキは「英語」、エマは「家庭科」と答えています。

(3) ケビンは「体育」が好きで、「それは楽しいです。」と伝えています。

3 教科や曜日のつづりを確認《かくにん》しながら書きましょう。特に長い語には気をつけて、書き終わったら必ず見直しをしましょう。

4 (1) 算数はmathです。

(2) 〈on＋曜日〉で「～曜日に」を表します。

Wednesdayは発音されないdをふくむdneのつづりに注意しましょう。

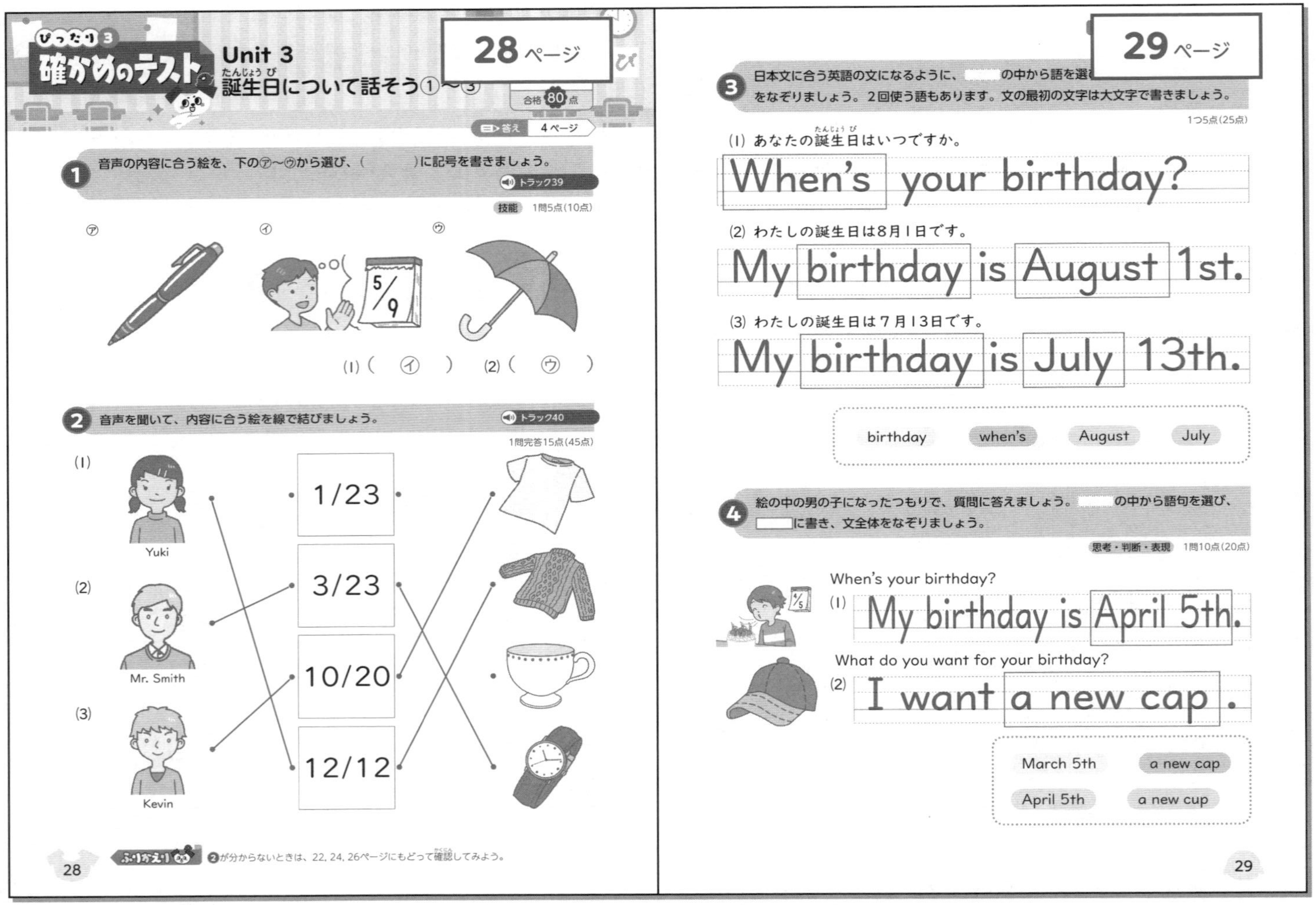
28ページ

29ページ

ぴったり3 確かめのテスト Unit 3 誕生日《たんじょうび》について話そう①〜③ 合格80点 答え 4ページ

1 音声の内容に合う絵を、下の㋐〜㋒から選び、（　　）に記号を書きましょう。 トラック39 技能 1問5点(10点)

㋐ ㋑ ㋒

(1)（ ㋑ ） (2)（ ㋒ ）

2 音声を聞いて、内容に合う絵を線で結びましょう。 トラック40 1問完答15点(45点)

(1) Yuki (2) Mr. Smith (3) Kevin

1/23 3/23 10/20 12/12

ふりかえり ②が分からないときは、22, 24, 26ページにもどって確認《かくにん》してみよう。

28

3 日本文に合う英語の文になるように、　　の中から語を選び、をなぞりましょう。2回使う語もあります。文の最初の文字は大文字で書きましょう。 1つ5点(25点)

(1) あなたの誕生日《たんじょうび》はいつですか。

When's your birthday?

(2) わたしの誕生日は8月1日です。

My birthday is August 1st.

(3) わたしの誕生日は7月13日です。

My birthday is July 13th.

birthday when's August July

4 絵の中の男の子になったつもりで、質問に答えましょう。　　の中から語句を選び、　　に書き、文全体をなぞりましょう。 思考・判断・表現 1問10点(20点)

When's your birthday?

(1) My birthday is April 5th.

What do you want for your birthday?

(2) I want a new cap.

March 5th a new cap April 5th a new cup

29

**1** (1) My birthday is 〜. で「わたしの誕生日《たんじょうび》は〜です。」を表します。May 9thは「5月9日」です。

(2) What do you want for your birthday?で「あなたは誕生日に何がほしいですか。」です。

**2** それぞれ誕生日と誕生日にほしいものを伝えています。I want 〜. は「わたしは〜がほしいです。」という意味です。

(1) ユキは12月12日生まれで、ほしいものはセーターです。

(2) スミス先生は3月23日生まれで、ほしいものはうで時計です。

(3) ケビンは10月20日生まれで、ほしいものはTシャツです。

**3** 「〜はいつですか。」はWhen's 〜? で表すことができます。When'sはWhen isを短くした形です。

## 読まれる英語

**1** (1) 男の子：My birthday is May 9th.

(2) 女の子：What do you want for your birthday?

男の子：I want an umbrella.

**2** (1) ユキ：I'm Yuki. My birthday is December 12th. I want a sweater for my birthday.

(2) ユキ：When is your birthday, Mr. Smith?

スミス先生：My birthday is March 23rd.

ユキ：What do you want for your birthday?

スミス先生：I want a watch.

(3) ケビン：I'm Kevin. My birthday is October 20th. I want a T-shirt for my birthday.

## おうちのかたへ

このUnitでは、月や誕生日、誕生日に欲しいものについてのやりとりを扱いました。

カレンダーを見ながら、お子さんにWhen's your birthday?やWhat do you want for your birthday?ときいてみてください。また、お子さんが答えるだけでなく、お子さんから質問してもらい、おうちのかたが答えるという練習を行うと、より効果的です。

ぴったり3 確かめのテスト

## Unit 4 一日の生活について話そう①～②

# 34ページ

合格80点

答え 5ページ

**1** 音声の内容に合う絵を、下の㋐～㋒から選び、(　　)に記号を書きましょう。

トラック49

技能 1問10点(20点)

(1)(　㋒　)　(2)(　㋐　)

**2** 音声を聞いて、内容に合う絵を線で結びましょう。

トラック50

1問10点(30点)

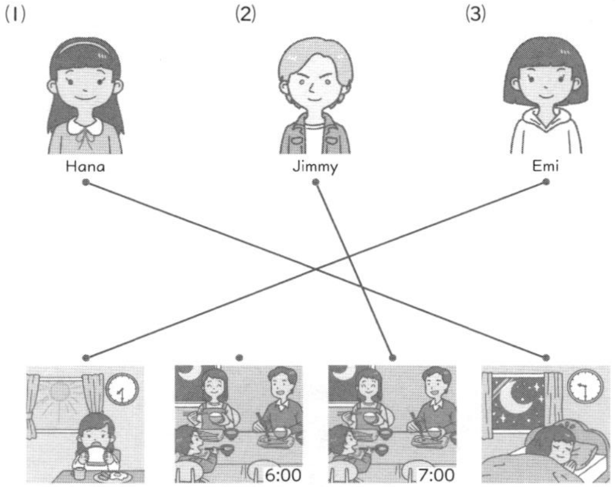


ふりかえり ②が分からないときは、30、32ページにもどって確認してみよう。

34

# 35ページ

**3** 日本文に合う英語の文になるように、　　の中から語を選んでなぞりましょう。2回使う語もあります。

1つ6点(30点)

(1) あなたは何時に宿題をしますか。

What [time] do you do your homework?

(2) わたしは5時半に宿題をします。

I do [my] homework [at] 5:30.

(3) わたしは8時に寝《ね》ます。

I go to [bed] [at] 8:00.

bed　my　time　at

**4** 日本文に合う英語の文になるように、　　の中から語句を選び、　　に書き、文全体をなぞりましょう。2回使う語句もあります。文の最初の文字は大文字で書きましょう。

思考・判断・表現 1問完答10点(20点)

(1) あなたは何時に帰宅しますか。

[What time] do you [get home]?

(2) わたしは4時半に帰宅します。

I [get home] at 4:30.

get home　what time

35

**読まれる英語**

**1** (1) I brush my teeth at seven.

(2) 男の子：What time do you get up?

女の子：I get up at six.

**2** (1) ハナ：I'm Hana.  I go to bed at nine thirty.

(2) ジミー：I'm Jimmy.  I eat dinner at seven.

(3) 男の子：What time do you eat breakfast, Emi?

エミ：I eat breakfast at seven thirty.

**おうちのかたへ**

このUnitでは、何時に何をするかのやりとりについて学びました。確かめのテストでは、時間を正しく聞き取れているかを問題にしています。

お子さんに、朝起きてから寝るまでのいろいろな活動の時間をWhat time do you ～?と言ってきいてみてください。また、お子さんに質問してもらって答える、というやりとりもしてみてください。

**1** (1) brush my teethは「(自分の)歯をみがく」という意味です。

(2) What time do you ～?は「あなたは何時に～しますか。」という意味を表します。get up at ～は「～時に起きる」という意味です。

**2** (1) go to bedは「寝《ね》る」です。

(2) eat dinnerは「夕食を食べる」、at sevenは「7時に」です。

(3) eat breakfastは「朝食を食べる」です。エミは何時に朝食を食べるかをきかれて、「7時半」と答えています。

**3** (1) 相手に「宿題をしますか」ときくときはdo your homework、自分が答えるときはdo my homeworkとなります。

**4** get homeは「家に帰る」という意味です。

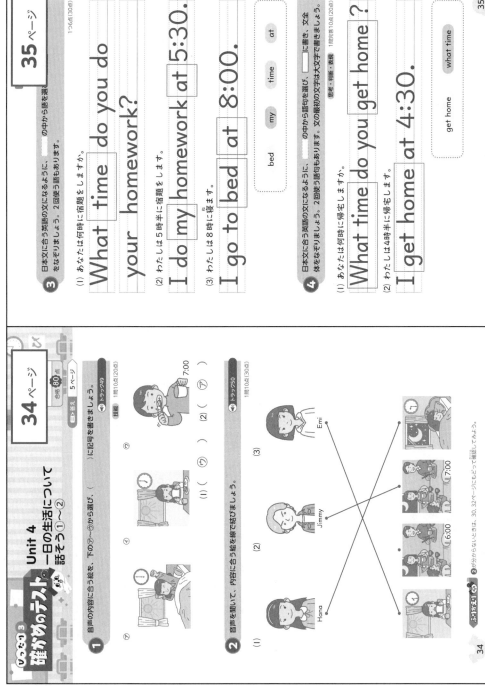

## 40ページ

ぴったり3 確かめのテスト
Unit 4
一日の生活について話そう③〜④

合格80点 答え 6ページ

1 音声の内容に合う絵を、下の㋐〜㋒から選び、(　　)に記号を書きましょう。 トラック59
技能 1問10点(20点)

(1)( ㋐ ) (2)( ㋒ )

2 音声を聞いて、内容に合う絵を線で結びましょう。 トラック60
1問10点(30点)

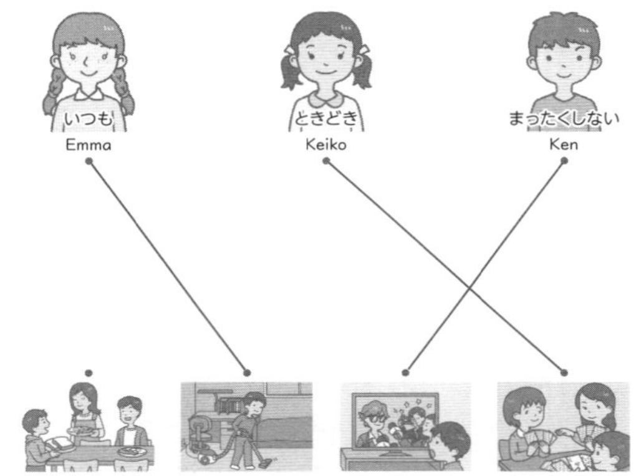


ふりかえり ②が分からないときは、36、38ページにもどって確認《かくにん》してみよう。



## 41ページ

3 日本文に合う英語の文になるように、　　の中から語を選び、　　をなぞりましょう。文の最初の文字は大文字で書きましょう。
1つ6点(30点)

(1) わたしは放課後に犬を散歩に連れていきます。
After school I walk the dog.

(2) それからわたしは宿題をします。
Then I do my homework.

(3) わたしはいつも自分の部屋をそうじをします。
I always clean my room.

clean　always　walk　then　do

4 日本文に合う英語の文になるように、　　の中から語句を選び、　　に書き、文全体をなぞりましょう。文の最初の文字は大文字で書きましょう。
思考・判断・表現 1問10点(20点)

あなたは家で手伝いをしますか。
(1) Do you help at home ?

いいえ、しません。
(2) No, I don't .

yes, I do　no, I don't
help at home　set the table

この本の終わりにある「夏のチャレンジテスト」をやってみよう！



### 読まれる英語

1 (1) After school I always do my homework.
(2) I never wash the dishes.

2 (1) エマ：I'm Emma. I always clean my room after school.
(2) ケイコ：I'm Keiko. I sometimes play cards.
(3) ケン：I'm Ken. I never watch TV.

### おうちのかたへ

このUnitでは、家事をどのくらいの頻度でするかや、一日の過ごし方について伝えることを学びました。
お子さんに、家での仕事について、どのくらいの頻度で行うか、またthenを使ってその次にすることなどを言ってもらってみてください。

1 (1) alwaysは「いつも」、do my homeworkは「宿題をする」という意味です。
(2) neverは「まったくしない」、wash the dishesは「食器を洗《あら》う」という意味です。

2 (1) エマは always「いつも」、clean my room「部屋をそうじする」と言っています。
(2) ケイコはsometimes「ときどき」、play cards「トランプをする」と言っています。
(3) ケンは never feed the rabbits「まったくウサギにえさをやらない」と言っています。

3 (1)「〜を散歩に連れていく」はwalkです。
(2)「それから」はthenです。大文字のTから始めます。

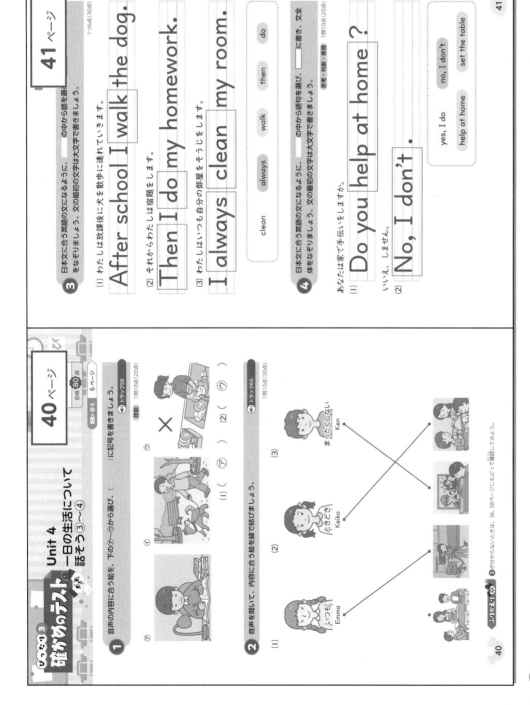

ぴったり3 確かめのテスト
Unit 5
できること・できないことについて話そう①～②

46ページ

合格80点

答え 7ページ

1 音声の内容に合う絵を、下の㋐～㋒から選び、（　）に記号を書きましょう。
トラック71
技能 1問5点(10点)

㋐ ㋑ ㋒

(1)（㋒）　(2)（㋐）

2 音声を聞いて、①「何が」②「できるか」「できないか」を、①は　から選んで（　）に記号を書き、②は「できる・できない」のどちらかに○を付けましょう。
トラック72
1問完答15点(45点)

(1) Ken
①（イ）
②（できる・できない）…「できる」に○

(2) Tom
①（ア）
②（できる・できない）…「できる」に○

(3) Kevin
①（ウ）
②（できる・できない）…「できない」に○

① ア イ ウ

46　ふりかえり　2が分からないときは、42, 44ページにもどって確認してみよう。

47ページ

3 日本文に合う英語の文になるように、　の中から語を選び、をなぞりましょう。2回使う語もあります。文の最初の文字は大文字で書きましょう。
1つ5点(25点)

(1) わたしは英語を上手に話すことができます。
I can speak English well.

(2) あなたはギターをひくことができますか。
Can you play the guitar?

(3) いいえ、できません。
No, I can't.

can　can't　yes　no　speak

4 絵の内容に合うように、　の中から語句を選び、□に書き、文全体をなぞりましょう。
思考・判断・表現 1問10点(20点)

(1) I can cook well.
(2) I can't ski well.

can　ski well　can't　cook well

47

## 読まれる英語

1 (1) 男の子：I can sing well.
(2) 男の子：I can't swim.

2 (1) ケン：Hi!　I'm Ken.　I can skate.
(2) トム：I'm Tom.　I can ride a unicycle.
(3) 女の子：Kevin, can you play *shogi*?
ケビン：No, I can't.

## おうちのかたへ

このUnitでは、できることとできないことについて相手と伝え合う方法を学びました。
can, can'tの聞き取りができているか、確認してあげてください。また、Can you ～?「あなたは～することができますか。」と質問してみてください。お子さんにも質問してもらい、おうちのかたが答えるという練習もしてみてください。

1 (1) canは「～することができる」、sing wellは「上手に歌う」です。
(2) can'tはcannotを短くした形で「～することができない」を表します。

2 (1) ケンは I can skate.「わたしはスケートをすることができます。」と言っています。
(2) トムはI can ride a unicycle.「わたしは一輪車に乗ることができます。」と言っています。
(3) Can you play *shogi*?「あなたは将棋《しょうぎ》をすることができますか。」と聞かれたケビンはNo, I can't.「いいえ、できません。」と答えています。

4 (1)「上手に料理をすることができる」はcanの後ろに cook wellをつづけます。
(2)「スキーを上手にすることができない」はcan'tの後ろにski wellをつづけます。

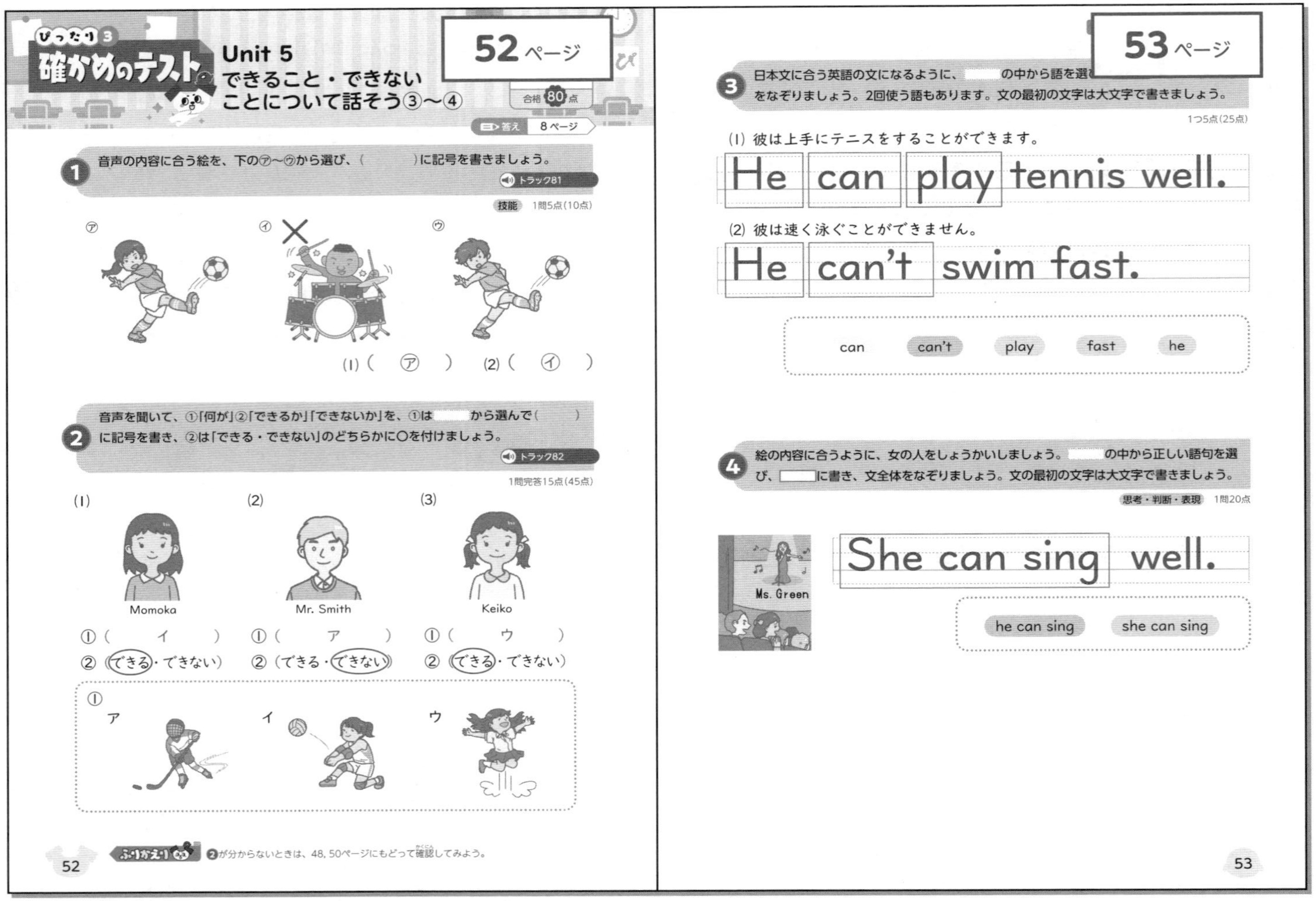

ぴったり3 確かめのテスト

Unit 5
できること・できないことについて話そう③〜④

52ページ

合格80点

答え 8ページ

1 音声の内容に合う絵を、下の㋐〜㋒から選び、(　　)に記号を書きましょう。 トラック81

技能 1問5点(10点)

(1)( ㋐ ) (2)( ㋑ )

2 音声を聞いて、①「何が」②「できるか」「できないか」を、①は　　から選んで(　　)に記号を書き、②は「できる・できない」のどちらかに○を付けましょう。 トラック82

1問完答15点(45点)

(1) Momoka
① ( イ )
② (できる・できない)

(2) Mr. Smith
① ( ア )
② (できる・できない)

(3) Keiko
① ( ウ )
② (できる・できない)

① ア イ ウ

ふりかえり ②が分からないときは、48、50ページにもどって確認してみよう。

52

53ページ

3 日本文に合う英語の文になるように、　　の中から語を選んでなぞりましょう。2回使う語もあります。文の最初の文字は大文字で書きましょう。

1つ5点(25点)

(1) 彼は上手にテニスをすることができます。
He can play tennis well.

(2) 彼は速く泳ぐことができません。
He can't swim fast.

can　can't　play　fast　he

4 絵の内容に合うように、女の人をしょうかいしましょう。　　の中から正しい語句を選び、　　に書き、文全体をなぞりましょう。文の最初の文字は大文字で書きましょう。

思考・判断・表現 1問20点

Ms. Green

She can sing well.

he can sing　she can sing

53

## 読まれる英語

1 (1) She can play soccer well.
(2) He can't play the drums well.

2 (1) 男の子：Momoka can play volleyball well.
(2) 女の子：Mr. Smith can't play ice hockey.
(3) 男の子：Keiko can jump high.

## おうちのかたへ

このUnitでは、自分以外の人ができること、できないことを伝える方法を学びました。
heとshe、そしてcan「〜できる」、can't「〜できない」の聞き取りができているかを確認してあげてください。

1 2 「できる」を表すcanと「できない」を表すcan'tを聞き分けられるようにしましょう。

1 (1) She can play volleyball well.は「彼女《かのじょ》はバレーボールを上手にすることができる。」です。
(2) He can't play the drums well.は「彼《かれ》はドラムを上手に演奏《えんそう》することができない。」です。

2 (1) モモカはバレーボールを上手にすることができると言っています。
(2) スミス先生はアイスホッケーをすることができないと言っています。
(3) ケイコは高くとび上がることができると言っています。

## 58ページ

ぴったり3 確かめのテスト

Unit 6 身の回りの人・得意《とくい》なことについて話そう①～②

合格80点　答え 9ページ

**1** 音声の内容に合う絵を、下の㋐～㋒から選び、(　　)に記号を書きましょう。　トラック91

技能 1問5点(10点)

(1) ( ㋐ )　(2) ( ㋒ )

**2** 音声を聞いて、内容に合う絵を線で結びましょう。　トラック92

1問15点(45点)

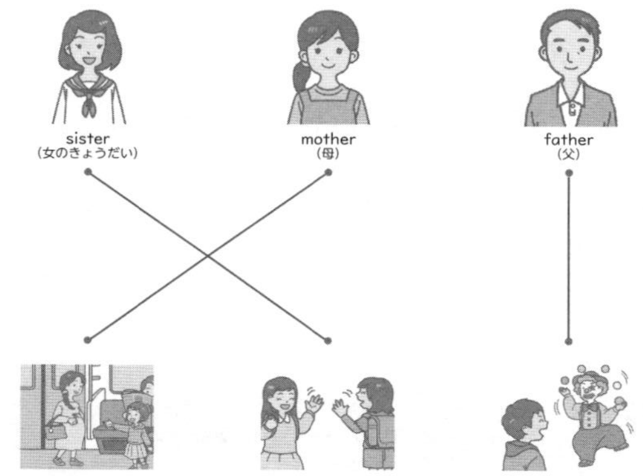


ふりかえり ②が分からないときは、54, 56ページにもどって確認《かくにん》してみよう。

58

## 59ページ

**3** 日本文に合う英語の文になるように、　　の中から語を選び、をなぞりましょう。2回使う語もあります。文の最初の文字は大文字で書きましょう。

1つ5点(25点)

(1) この人はだれですか。

Who's this?

(2) 〈(1)に答えて〉 彼女《かのじょ》はわたしの祖母《そぼ》です。

She's my grandmother .

(3) 彼女はとてもかっこいいです。

She's very cool .

cool　grandmother　who's　he's　she's

**4** 絵の内容に合うように、　　の中から語句を選び、□に書き、文全体をなぞりましょう。

思考・判断・表現 1問10点(20点)

(1) This is my brother .

(2) He's cute.

my brother　my sister　He's cute.　She's cute.

59

---

**1** (1) This is my father.は「この人はわたしの父です。」という意味です。

(2) Who's this?「この人はだれですか。」と聞かれ、This is my grandmother.「この人はわたしの祖《そ》母《ぼ》です。」と答えています。

**2** (1) sisterは「女のきょうだい(姉[妹])」、She's cheerful.は「彼女《かのじょ》は陽気です。」という意味です。Sheは女の人に使います。

(2) motherは「母」、kindは「親切な」という意味です。

(3) He's very funny.は「彼《かれ》はとてもおもしろいです。」という意味です。Heは男の人に使います。

**3** (2)「祖母」はgrandmotherです。

(3)「かっこいい」はcoolです。

**4** (1)「男のきょうだい(兄[弟])」はbrotherです。

### 読まれる英語

**1** (1) 男の子：This is my father.

(2) 男の子：Who's this?

女の子：This is my grandmother.

**2** (1) 女の子：This is my sister.　She's cheerful.

(2) 女の子：This is my mother.　She's very kind.

(3) 女の子：This is my father.　He's very funny.

### おうちのかたへ

このUnitでは、家族などの身近な人を紹介し、その人たちの性格や特徴について述べる練習をしました。家族や身近な人たちの写真などを指して、お子さんにWho's this?「この人は誰ですか。」とたずねてみてください。そして「誰なのか」をたずねるときはwhoを用いることを確認してあげてください。

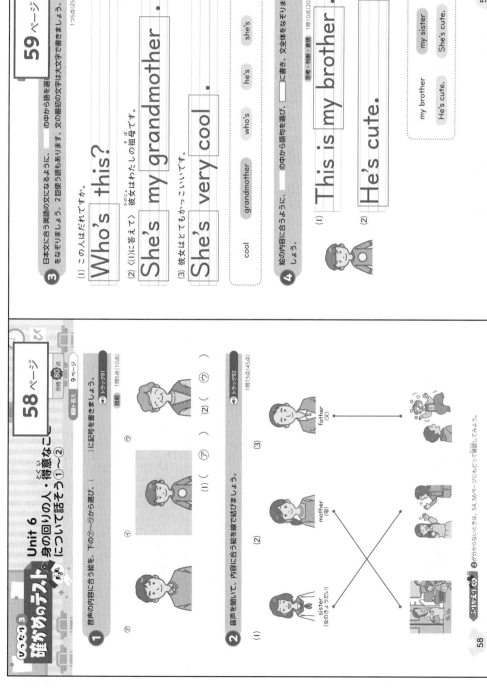

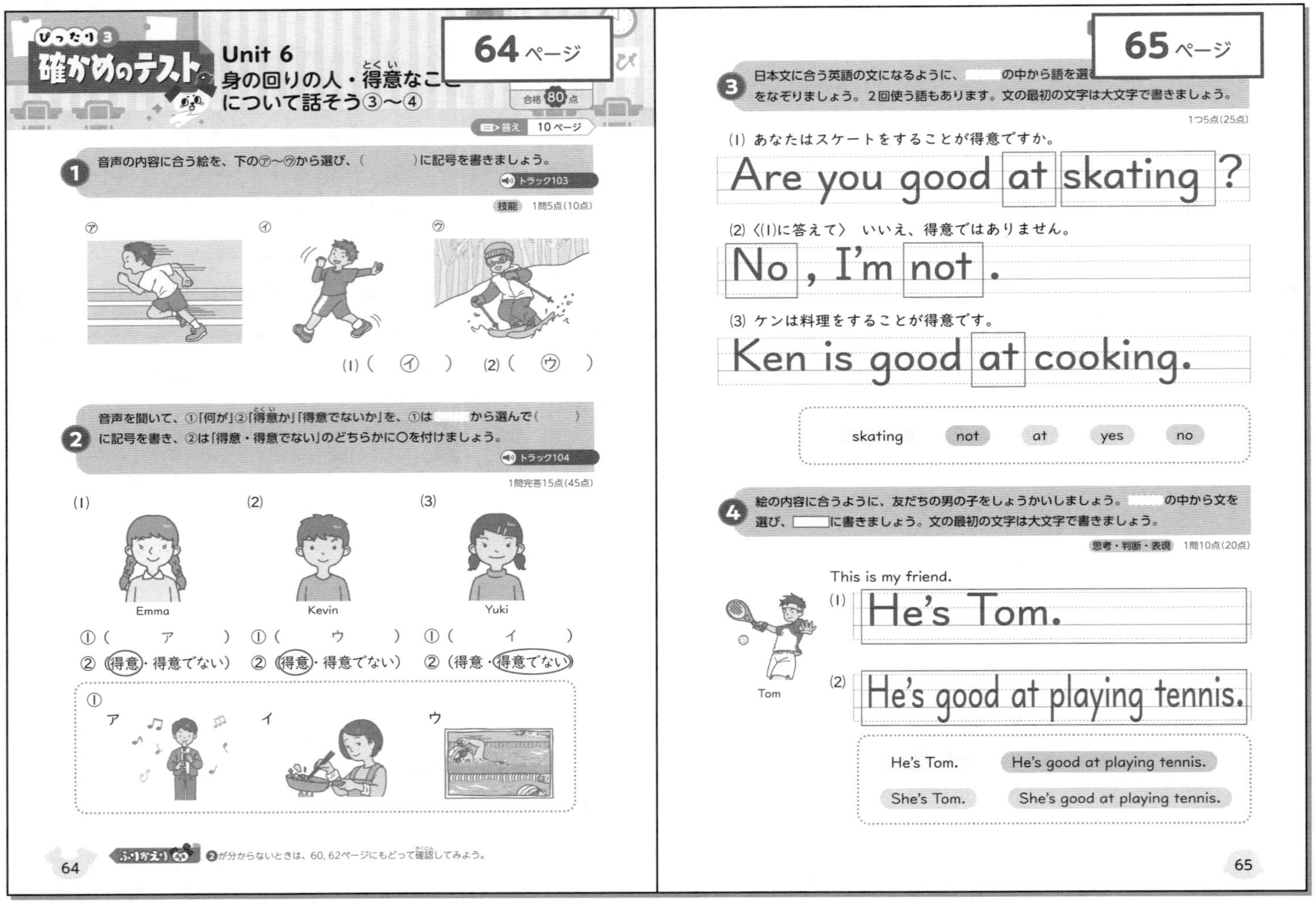

ぴったり3 確かめのテスト

Unit 6 身の回りの人・得意《とくい》なことについて話そう③～④

**64ページ**

合格 80 点

答え 10ページ

1 音声の内容に合う絵を、下の㋐～㋒から選び、（　　）に記号を書きましょう。 トラック103

技能 1問5点(10点)

㋐ ㋑ ㋒

(1)（ ㋑ ）　(2)（ ㋒ ）

2 音声を聞いて、①「何が」②「得意《とくい》か」「得意でないか」を、①は［　］から選んで（　）に記号を書き、②は「得意・得意でない」のどちらかに○を付けましょう。 トラック104

1問完答15点(45点)

(1) Emma　(2) Kevin　(3) Yuki

① （ ア ）　① （ ウ ）　① （ イ ）

② （(得意)・得意でない）　② （(得意)・得意でない）　② （得意・(得意でない)）

① ア イ ウ

64　ふりかえり ❷が分からないときは、60、62ページにもどって確認《かくにん》してみよう。

**65ページ**

3 日本文に合う英語の文になるように、［　］の中から語を選んでなぞりましょう。2回使う語もあります。文の最初の文字は大文字で書きましょう。

1つ5点(25点)

(1) あなたはスケートをすることが得意ですか。

Are you good at skating ?

(2)〈(1)に答えて〉 いいえ、得意ではありません。

No , I'm not .

(3) ケンは料理をすることが得意です。

Ken is good at cooking.

skating　not　at　yes　no

4 絵の内容に合うように、友だちの男の子をしょうかいしましょう。［　］の中から文を選び、［　］に書きましょう。文の最初の文字は大文字で書きましょう。

思考・判断・表現 1問10点(20点)

This is my friend.

Tom

(1) He's Tom.

(2) He's good at playing tennis.

He's Tom.　He's good at playing tennis.

She's Tom.　She's good at playing tennis.

65

## 読まれる英語

1 (1) 男の子：Ken is good at dancing.

(2) 女の子：Are you good at skiing, Tom?

トム：Yes, I am.

2 (1) スミス先生：Are you good at playing the recorder, Emma?

エマ：Yes, I am.

(2) 女の子：This is Kevin. He's good at swimming.

(3) スミス先生：Are you good at cooking, Yuki?

ユキ：No, I'm not.

## おうちのかたへ

ここでは、得意なこと・不得意なことについて伝え合う方法を学びました。Are you ～?「あなたは～ですか。」と聞かれたら、「はい、そうです。」のときはYes, I am.、「いいえ、ちがいます。」のときはNo, I'm not.と答えることを確認してあげてください。そして今回学んだやりとりを声に出して一緒に練習してみてください。

1 (1) Ken is good at dancing.は「ケンはおどることが得意《とくい》です。」という意味です。

(2) Are you good at skiing, Tom?「スキーをすることは得意ですか、トム。」と聞かれ、Yes, I am.「はい、得意です。」と答えています。

2 (1) Are you good at playing the recorder, Emma?「リコーダーをふくことは得意ですか、エマ。」と聞かれ、「はい、得意です。」と答えています。

(2) This is Kevin.「この人はケビンです。」としょうかいしてから、He's good at swimming.「彼《かれ》は泳ぐことが得意です。」と伝えています。He'sはHe isを短くした形です。

(3) cooking「料理をすること」が得意か聞かれ、ユキはNo, I'm not.「いいえ、得意ではありません。」と答えています。

3 (1)「スケートをすること」は skatingです。

## 70ページ

ぴったり3 確かめのテスト Unit 7 ほしいものについて話そう ①〜②

合格80点　答え 11ページ

**1** 音声の内容に合う絵を、下の㋐〜㋒から選び、（　　）に記号を書きましょう。　トラック113

技能　1問5点(10点)

(1)（ ㋒ ）　(2)（ ㋑ ）

**2** 音声を聞いて、内容に合う絵を線で結びましょう。　トラック114

1問完答15点(45点)

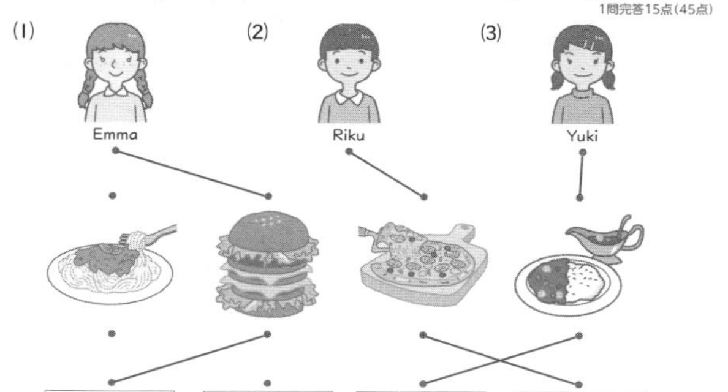


¥500　¥650　¥800　¥670

ふりかえり　②が分からないときは、68ページにもどって確認《かくにん》してみよう。



## 71ページ

**3** 日本文に合う英語の文になるように、　　の中から語句《ごく》を
体をなぞりましょう。2回使う語もあります。文の最初の文字は大文字で書きましょう。

1つ5点(25点)

(1) 何になさいますか。

What would you like ?

(2) わたしはオレンジジュースがほしいです。

I'd like orange juice .

(3) それは300円です。

It's three hundred yen.

like　what　it's　it　orange juice

**4** 絵の中の店員と客とのやりとりを完成させましょう。　　の中から文を選び、　　に書きましょう。

思考・判断・表現　1問10点(20点)

(1) What would you like?

(2) I'd like spaghetti.

How is it?　What would you like?
I'd like pizza.　I'd like spaghetti.



**1** (1) 注文についてのやりとりで、店員のWhat would you like?「何になさいますか。」に、女の子はI'd like steak and salad.「ステーキとサラダをお願いしたいのですが。」と答えています。

(2) 金額《きんがく》についてのやりとりで、男の子のHow much is this lunch?「このランチはいくらですか。」に、店員がIt's seven hundred and eighty yen.「それは780円です。」と答えています。

**2** 店員とのやりとりから、それぞれの注文したいものとその金額を結びつけます。

(1) エマがほしいのはハンバーガーで、その金額は500円です。

(2) リクがほしいのはピザで、その金額は670円です。

(3) ユキがほしいのはカレーライスで、その金額は800円です。

### 読まれる英語

**1** (1) 店員：What would you like?

女の子：I'd like steak and salad.

(2) 男の子：How much is this lunch?

店員：It's seven hundred and eighty yen.

**2** (1) 店員：What would you like?

エマ：I'd like a hamburger.　How much is it?

店員：It's five hundred yen.

(2) 店員：What would you like?

リク：I'd like pizza.　How much is it?

店員：It's six hundred and seventy yen.

(3) 店員：What would you like?

ユキ：I'd like curry and rice.　How much is it?

店員：It's eight hundred yen.

### おうちのかたへ

ここでは、店で飲食物を注文したり、その金額を聞いたりするための表現を学びました。

店でのやりとりは日常生活において欠かせないものですので、ぜひお子さんとご一緒に客の役、店員の役の両方を練習してみてください。

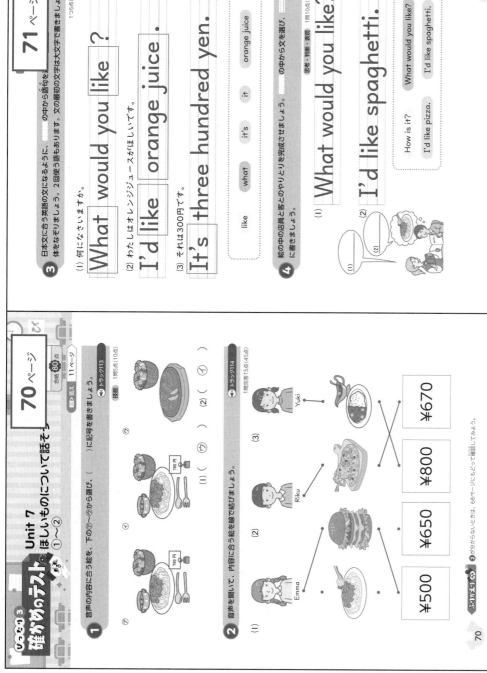

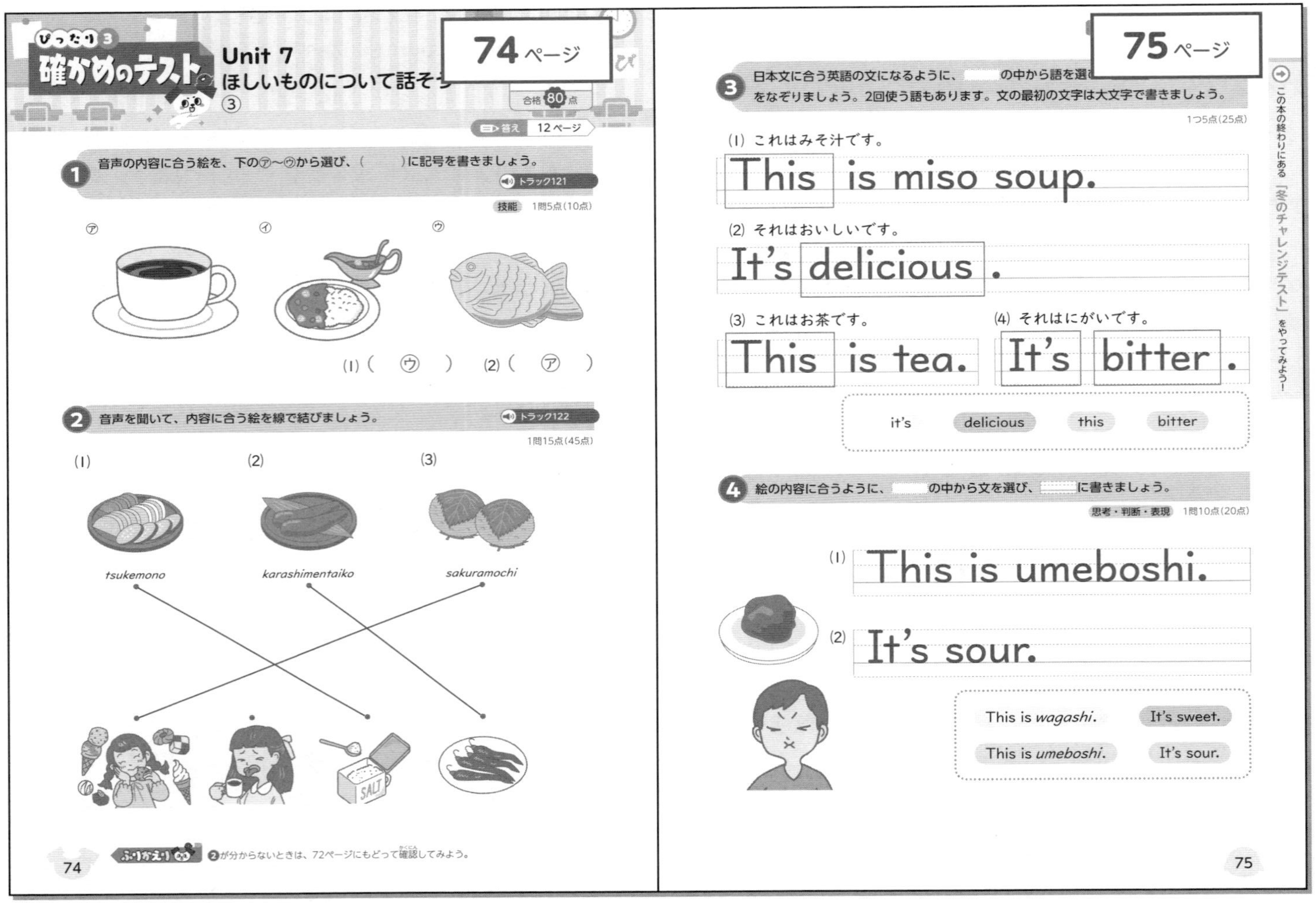
74 ページ

ぴったり3 確かめのテスト

Unit 7 ほしいものについて話そう ③

合格 80 点

答え 12ページ

1 音声の内容に合う絵を、下の㋐～㋒から選び、(　　)に記号を書きましょう。 トラック121

技能 1問5点(10点)

㋐ ㋑ ㋒

(1) ( ㋒ ) (2) ( ㋐ )

2 音声を聞いて、内容に合う絵を線で結びましょう。 トラック122

1問15点(45点)

(1) (2) (3)

tsukemono karashimentaiko sakuramochi

SALT

74

ふりかえり ❷が分からないときは、72ページにもどって確認してみよう。

75 ページ

3 日本文に合う英語の文になるように、　　の中から語を選び、　　をなぞりましょう。2回使う語もあります。文の最初の文字は大文字で書きましょう。

1つ5点(25点)

(1) これはみそ汁です。

This is miso soup.

(2) それはおいしいです。

It's delicious .

(3) これはお茶です。

This is tea.

(4) それはにがいです。

It's bitter .

it's / delicious / this / bitter

4 絵の内容に合うように、　　の中から文を選び、　　に書きましょう。

思考・判断・表現 1問10点(20点)

(1) This is umeboshi.

(2) It's sour.

This is *wagashi*. / It's sweet. / This is *umeboshi*. / It's sour.

この本の終わりにある「冬のチャレンジテスト」をやってみよう！

75

1 This is ～.「これは～です。」を使い、食べものや飲みものをしょうかいしています。それに続くIt's ～.「それは～です。」で、そのとくちょうを伝えています。

(1) たいやきはsweet「あまい」と伝えています。

(2) coffee「コーヒー」はbitter「にがい」と伝えています。

2 日本の食べ物と、そのとくちょうを結びつけます。

(1) つけものはsalty「塩からい」と伝えています。

(2) 辛《から》子《し》明太《めんたい》子《こ》はhot「からい」と伝えています。

(3) さくらもちはsweet「あまい」と伝えています。

3 (2)「おいしい」はdeliciousです。

4 (2)「すっぱい」を表すsourのつづりに注意しましょう。

## 読まれる英語

1 (1) This is *taiyaki*. It's sweet. I like it.

(2) This is coffee. It's bitter.

2 (1) This is *tsukemono*. It's salty.

(2) This is *karashimentaiko*. It's hot.

(3) This is *sakuramochi*. It's sweet.

## おうちのかたへ

ここでは、食べ物や飲み物を紹介し、その特徴を伝えることを学びました。日本の飲食物について外国人に伝える場合は、相手がその名前を初めて聞くと想定し、はっきりと発音するようにしましょう。お子さんの発音をチェックして、きちんと伝わっているかを伝えてあげてください。

**80ページ**

ぴったり3 確かめのテスト

## Unit 8 場所について話そう①～⑥

合格80点

答え 13ページ

**1** 音声の内容に合う絵を、下の㋐～㋒から選び、(　　)に記号を書きましょう。

トラック131

技能 1問5点(10点)

㋐

㋑

㋒

(1)( ㋑ )　(2)( ㋒ )

**2** 次の絵はあなたの部屋です。3つの音声を聞いて、質問に対する答えとして正しいものを　　から選び、　　に書き、文全体をなぞりましょう。

トラック132

1問15点(45点)

(1) It's on the bed .

(2) It's under the desk .

(3) It's in the bag .

in the bag　on the bed　under the desk



ふりかえり ②が分からないときは、76ページにもどって確認《かくにん》してみよう。

**81ページ**

**3** 日本文に合う英語の文になるように、　　の中から語を選び　　をなぞりましょう。2回使う語もあります。文の最初の文字は大文字で書きましょう。

1つ5点(25点)

(1) この山はどこにありますか。

Where's this mountain?

(2) 〈(1)に答えて〉それは岩手にあります。

It's in Iwate.

(3) わたしのイヌは箱の中にいます。

My dog is in the box .

it's　box　where's　in

**4** 絵の内容に合うように、　　の中から語句《ごく》を選び、　　に書きましょう。

思考・判断・表現 1問10点(20点)

(1) The white cat is on the chair.

(2) This hotel is in Okinawa.

on the desk　on the chair　on　in



**読まれる英語**

**1** (1) Where's the post office?

(2) 男の子：Where's my pen?

女の子：It's on the desk.

**2** (1) Where's your cap?

It's on the bed.

(2) Where's your pen?

It's under the desk.

(3) Where's your book?

It's in the bag.

**おうちのかたへ**

ここでは、いろいろなものの位置や場所を伝えることを学びました。Where's ～?「～はどこにありますか。」とお子さんに質問してみてください。それに対し、It'sで始めて今回学んだon ～「～の上に」、under ～「～の下に」、by ～「～のそばに」、in ～「～の中に」を正しく使ってものの位置や場所を答えることができているか、確認してみてください。

**1** (1) Where's ～?で「～はどこにありますか。」という意味になります。Where'sはWhere isを短くした形です。post officeは「郵便局《ゆうびんきょく》」です。

(2) 男の子がWhere's my pen?と、自分のペンがどこにあるか聞いています。それに対して女の子はIt's on the desk.「それはつくえの上にあります。」と答えています。

**2** Where's your ～?は「あなたの～はどこにありますか。」という質問です。それに対し、それぞれIt's ～.「それは～にあります。」と答えています。

(1) your cap「あなたのぼうし」があるのはon the bed「ベッドの上に」です。

(2) your pen「あなたのペン」があるのはunder the desk「つくえの下に」です。

(3) your book「あなたの本」があるのはin the bag「かばんの中に」です。

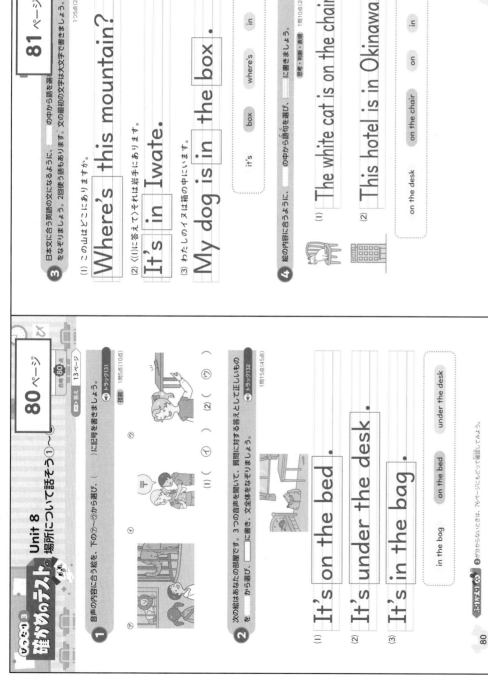

**86ページ**

ぴったり3 確かめのテスト Unit 8 場所について話そう③～④

合格80点　答え 14ページ

1 音声の内容に合う絵を、下の㋐～㋒から選び、（　　）に記号を書きましょう。　トラック141
技能　1問5点(10点)

㋐

㋑

㋒

(1)（ ㋑ ）　(2)（ ㋐ ）

2 女の子が道をたずねています。音声を聞いて正しいものを　　から選び、　　に書き、文全体をなぞりましょう。文の最初は大文字で書きましょう。　トラック142
1問15点(45点)

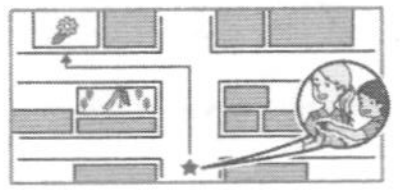

(1) Go straight .

(2) Turn left at the park.

(3) It's on your right .

turn left　go straight　on your right

86　ふりかえり　2が分からないときは、82、84ページにもどって確認してみよう。

**87ページ**

3 日本文に合う英語の文になるように、　　の中から語を選び、をなぞりましょう。文の最初は大文字で書きましょう。
1つ5点(25点)

(1) まっすぐに行ってください。
Go straight .

(2) 警察署《けいさつしょ》で左に曲がってください。
Turn left at the police station.

(3) それは右側にあります。
It's on your right .

left　right　straight　police　go

4 絵の中の男の子になったつもりで、矢印の通りに道案内をしましょう。答えは　　の中から文を選び、　　に書きましょう。
思考・判断・表現　1問10点(20点)

(1) Go straight.

(2) Turn right.

It's on your left.　Go straight.　Turn left.　Turn right.

87

**読まれる英語**

1 (1) Go straight.
(2) Turn right.

2 (1) 女の子：Where's the flower shop?
男の子：Go straight. Turn left at the park. It's on your right.

**おうちのかたへ**

ここでは、道案内をするための表現を学びました。on your right[left]「右側[左側]」を正しく使って場所を伝えられるように一緒に練習してみてください。また、go straight「まっすぐに行く」、turn right[left]「右[左]に曲がる」も使い、家までの道案内ができるように、地図を書いてそれを指しながら伝える練習をするとよいと思います。

1 (1) Go straight.は「まっすぐに行ってください。」という道案内の表現です。
(2) Turn right.は「右に曲がってください。」という意味です。

2 女の子はWhere's the flower shop?「花屋さんはどこにありますか。」とたずねています。男の子はGo straight.「まっすぐに行ってください。」に続けてTurn left at the park.「公園で左に曲がってください。」、そして最後にIt's on your right.「それは(あなたの)右側にあります。」と答えています。道案内のいろいろな表現を、きちんと使えるようにしましょう。

3 (2)「警察署《けいさつしょ》」はpolice stationです。stationのつく英語にはfire station「消防署《しょうぼうしょ》」、gas station「ガソリンスタンド」などがあります。これらも覚えておきましょう。

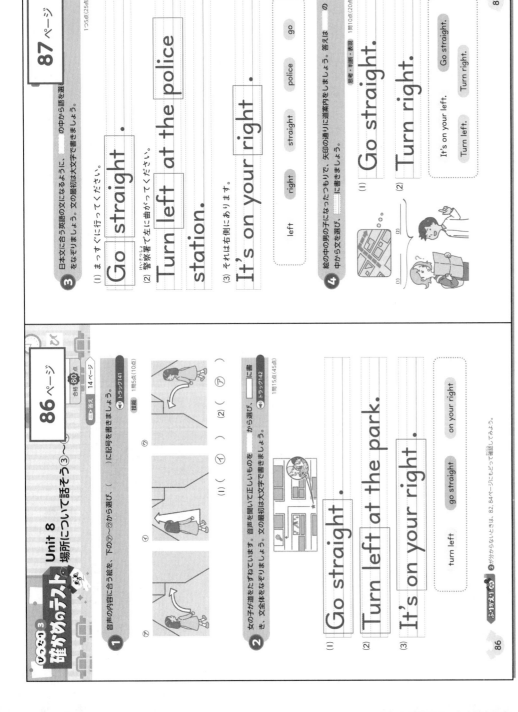

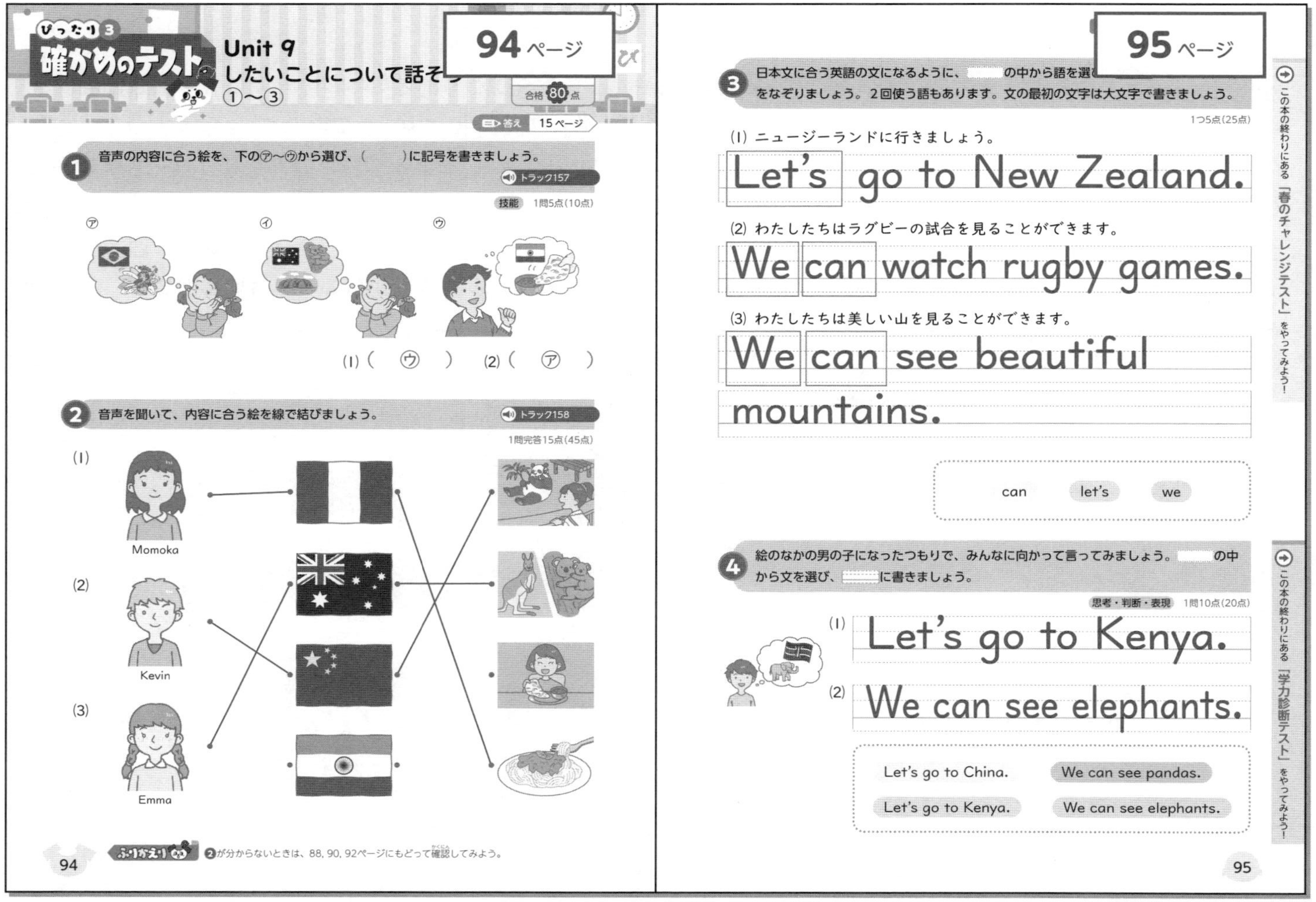
ぴったり3 確かめのテスト Unit 9 したいことについて話そう ①～③

94ページ

合格80点 答え 15ページ

1 音声の内容に合う絵を、下のㇷ゚～ㇷ゚から選び、(　　)に記号を書きましょう。 トラック157 技能 1問5点(10点)

ア イ ウ

(1) ( ウ ) (2) ( ア )

2 音声を聞いて、内容に合う絵を線で結びましょう。 トラック158 1問完答15点(45点)

(1) Momoka (2) Kevin (3) Emma

94 ふりかえり 2が分からないときは、88, 90, 92ページにもどって確認《かくにん》してみよう。

95ページ

3 日本文に合う英語の文になるように、　　の中から語を選び、　　をなぞりましょう。2回使う語もあります。文の最初の文字は大文字で書きましょう。 1つ5点(25点)

(1) ニュージーランドに行きましょう。

Let's go to New Zealand.

(2) わたしたちはラグビーの試合を見ることができます。

We can watch rugby games.

(3) わたしたちは美しい山を見ることができます。

We can see beautiful mountains.

can let's we

4 絵のなかの男の子になったつもりで、みんなに向かって言ってみましょう。　　の中から文を選び、　　に書きましょう。 思考・判断・表現 1問10点(20点)

(1) Let's go to Kenya.

(2) We can see elephants.

Let's go to China. We can see pandas.
Let's go to Kenya. We can see elephants.

この本の終わりにある「春のチャレンジテスト」をやってみよう！

この本の終わりにある「学力診断テスト」をやってみよう！

95

読まれる英語

1 (1) Let's go to India. We can eat curry.
(2) Let's go to Brazil. We can enjoy the Rio Carnival.

2 (1) モモカ：Let's go to Italy. We can eat spaghetti.
(2) モモカ：Where do you want to go, Kevin?
ケビン：I want to go to China. I can see pandas.
(3) エマ：Let's go to Australia. We can see koalas and kangaroos.

おうちのかたへ

ここでは、自分の行ってみたい国、そこでできることを伝えたり、行きたい国に一緒に行こうと人を誘ったりする表現を学びました。そしてたくさんの国の名前も出てきました。〈Let's go to＋場所.〉「～に行きましょう。」と、We can ～.「わたしたちは～ができます。」を使ってお互いに行きたいところを伝えあってください。

1 〈Let's ～.〉は人をさそう表現です。
(1) India「インド」に行こうとさそい、can eat curry「カレーを食べられる」と言っています。
(2) Brazil「ブラジル」に行こうとさそい、can enjoy the Rio Carnival「リオのカーニバルを楽しめる」と言っています。

2 (1) モモカは「イタリアへ行きましょう」、can eat spaghetti「スパゲッティを食べられる」と言っています。
(2) ケビンはWhere do you want to go?「あなたはどこへ行きたいですか。」と聞かれ、want to go to China「中国に行きたい」と答え、can see pandas「パンダを見られる」と答えています。
(3) エマは「オーストラリアに行きましょう」、can see koalas and kangaroos「コアラとカンガルーが見られる」と言っています。

## 夏のチャレンジテスト

名前　　月　日

時間 40分　知識・技能 /50　思考・判断・表現 /50　合格80点 /100

答え16〜17ページ

知識・技能

**1** 音声の内容に合う絵を下から選び、（　）に記号を書きましょう。　トラック159　1問4点(8点)

㋐　㋑　㋒

(1)（ ㋒ ）　(2)（ ㋐ ）

**2** 会話の内容に合う絵を下から選び、（　）に記号を書きましょう。　トラック160　1問4点(12点)

(1) ㋐ 6月17日　㋑ 7月17日　㋒ 8月17日

(2) ㋐　㋑　㋒

(3) ㋐　㋑　㋒

(1)（ ㋑ ）　(2)（ ㋒ ）　(3)（ ㋐ ）

思考・判断・表現

**3** 音声を聞き、それぞれ家でどんな仕事をどれくらいしているかを線で結びましょう。　トラック161　1問完答で5点(15点)

(1)　(2)　(3)

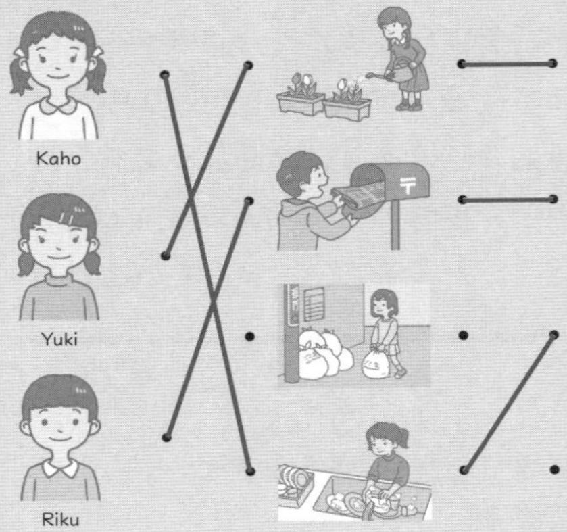


**4** 品物を見ながら話しているJimmyとSakuraの会話を聞いて、質問に日本語で答えましょう。　トラック162　1問5点(10点)

ほしい人にさしあげます！
ご自由にお持ちください。

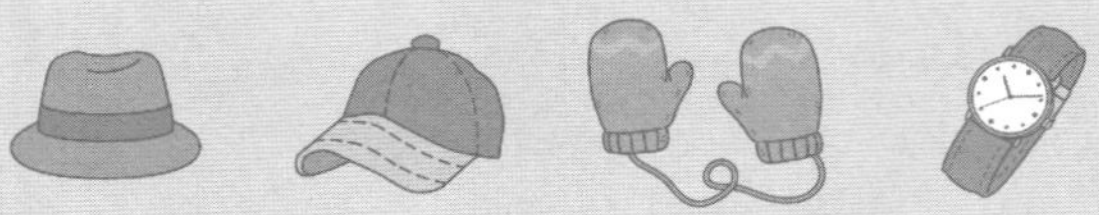

(1) Sakuraのほしい物は何ですか。　（ 緑色のうで時計 ）

(2) Jimmyの好きな色は何色ですか。　（ 青 ）

**1** (1)(2)　好きな教科について話しています。(2)の「好きな教科は何ですか。」「私は音楽が好きです。」というやりとりを聞き取れましたか。

**2** (1)　「あなたのたんじょう日はいつですか。」「わたしのたんじょう日は○月△日です。」というやりとりですね。「○月△日」は「月を表す語＋順番を表す語」でしたね。

(3)　女の子が男の子に「起きる」(get up)時間と「寝《ね》る」(go to bed)時間を聞かれています。時間を聞くときはwhat timeを使うのでしたね。「〜時に」はat＋時こくで表すことを覚えていますか。

### 読まれる英語

**1** (1)ケビン: Hi, I'm Kevin. I like math very much. It's interesting.

(2)スミス先生: Emma, what subject do you like?

エマ : I like music. It's fun.

**2** (1)A: When's your birthday?

B: My birthday is July 17th.

(2)A: Do you have pets at home?

B: Yes. I have rabbits.

A: Oh, really? Do you feed them?

B: Yes. I always feed them.

(3)A: What time do you get up?

B: I usually get up at six forty-five.

A: What time do you go to bed?

B: I usually go to bed at nine thirty.

**3** (1)カホ: I'm Kaho. I sometimes wash the dishes.

(2)ユキ: I'm Yuki. I always water the flowers.

(3)女の人: Riku, do you help at home?

リク : Yes. I usually get the newspaper.

女の人: That's good.

**4** サクラ: I want a green watch.

ジミー: That's nice, Sakura. I want a baseball cap.

サクラ: What color do you like, Jimmy?

ジミー: I like blue.

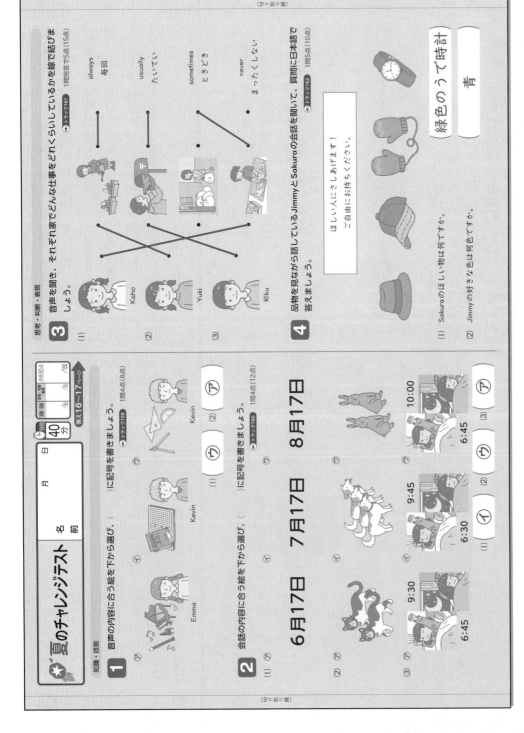

知識・技能

**5** 絵を見て、その内容を示す英語を、□の中から選んで□に書きましょう。

1問5点(15点)

(1)

(2)

(3)

star　　Monday　　lunch

lunch　　Monday　　star

**6** 日本文に合うように、グレーの部分はなぞり、□の中から英語を選び、□に書きましょう。

1問完答で5点(15点)

(1) わたしはネコが好きです。

I like cats.

(2) わたしは6時に宿題をします。

I do my homework at 6:00.

(3) 私は木曜日に算数を勉強します。

I study math on Thursday.

do　like　study　homework　Thursday

（切り取り線）

思考・判断・表現

**7** 絵の中の女の子になったつもりで質問に答えましょう。グレーの部分はなぞり、□の中から正しい英語を選んで□に書きましょう。

1問5点(15点)

(1) What time do you eat breakfast?

I eat breakfast at 7:00.

(2) What time do you go home?

I go home at 3:30.

(3) What do you help at home?

I take out the garbage.

at 7:00　　take out the garbage
at 3:30　　get the newspaper

**8** 日本文に合うように、グレーの部分はなぞり、□に英語を入れましょう。

1問5点(10点)

(1) わたしはいつも自分の部屋をそうじします。

I always clean my room.

(2) わたしのたんじょう日は5月3日です。

My birthday is May 3rd.

（切り取り線）

間違えた言葉を書きましょう

**5** (2) 曜日を表す言葉は大文字で書き始めることに注意しましょう。

**6** (1) 「～が好き」は、like ～で表しましょう。

(2) 「宿題をする」は、do my homeworkで表しましょう。

(3) 「～を勉強する」は、study ～で表しましょう。

**7** (3) 「木曜日に」はon Thursdayですね。Thursdayは発音とつづりの両方に注意が必要です。

**8** (1) 「自分の部屋をそうじする」は、clean my roomで表しましょう。

(2) たんじょう日は、My birthday is ～.で表しましょう。

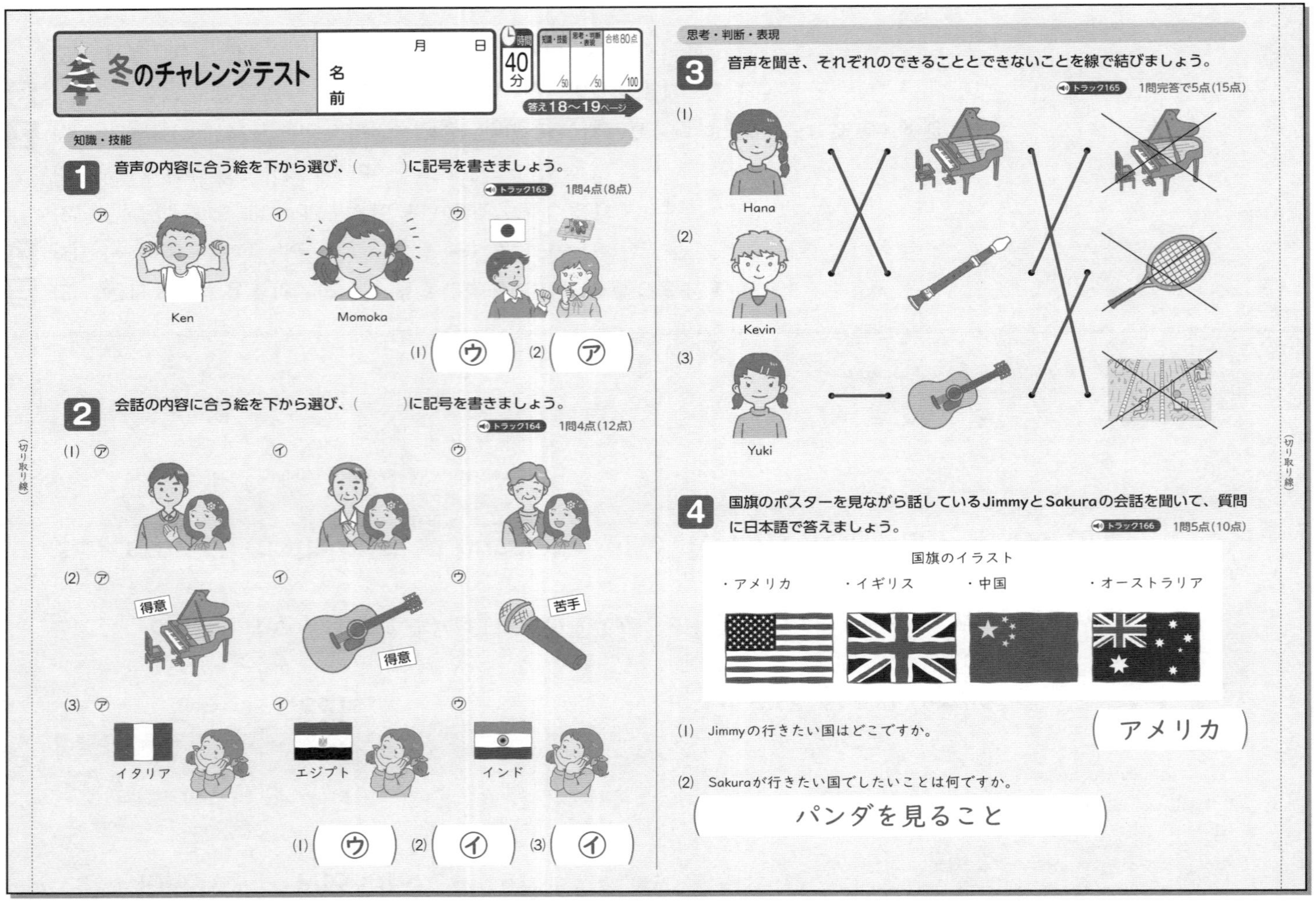
# 冬のチャレンジテスト

名前　　月　日

時間 40分　知識・技能 /50　思考・判断・表現 /50　合格80点 /100

答え18～19ページ

知識・技能

**1** 音声の内容に合う絵を下から選び、(　)に記号を書きましょう。　トラック163　1問4点(8点)

㋐ Ken　㋑ Momoka　㋒

(1) ( ㋒ )　(2) ( ㋐ )

**2** 会話の内容に合う絵を下から選び、(　)に記号を書きましょう。　トラック164　1問4点(12点)

(1) ㋐　㋑　㋒

(2) ㋐ 得意　㋑ 得意　㋒ 苦手

(3) ㋐ イタリア　㋑ エジプト　㋒ インド

(1) ( ㋒ )　(2) ( ㋑ )　(3) ( ㋑ )

思考・判断・表現

**3** 音声を聞き、それぞれのできることとできないことを線で結びましょう。　トラック165　1問完答で5点(15点)

(1) Hana

(2) Kevin

(3) Yuki

**4** 国旗のポスターを見ながら話しているJimmyとSakuraの会話を聞いて、質問に日本語で答えましょう。　トラック166　1問5点(10点)

国旗のイラスト

・アメリカ　・イギリス　・中国　・オーストラリア

(1) Jimmyの行きたい国はどこですか。　( アメリカ )

(2) Sakuraが行きたい国でしたいことは何ですか。

( パンダを見ること )

(切り取り線)

**1** (1) Let's go to ～. は「～へ行きましょう」と人をさそう表現《ひょうげん》ですね。「～」には行きたい場所が入ります。ここではJapan「日本」と言っていますね。We can ～. は「わたしたちは～することができます。」という意味ですね。

(2) This is＋人. は「この人は～です。」と、人をしょうかいする表現ですね。ここでしょうかいされているのは男の子なので、続く文では「彼《かれ》は～です。」He is ～. と、he を使うことに注意しましょう。女の子なら「彼女《かのじょ》は」で、she になりますね。

**2** (2) Are you good at ～ing? は、何かが得意《とくい》かどうかを聞くときに使う表現です。答えるときはYes, I am. またはNo, I'm not. で表します。ここでは「ギターをひくことが得意か」を聞かれ、男の子は「はい。」と答えています。

(3) want to ～ は「～したい」の意味で、want to go は「行きたい」を表します。

## 読まれる英語

**1** (1) Let's go to Japan. We can eat sushi.

(2) This is my friend. He's Ken. He's strong.

**2** (1)A: Who's this?

B: She's my grandmother.

(2)A: Are you good at playing the guitar?

B: Yes, I am.

(3)A: Where do you want to go?

B: I want to go to Egypt.

**3** (1)ハナ：I'm Hana. I can play the recorder well. But I can't play the piano.

(2)ケビン：I'm Kevin. I can play the piano. But I can't swim well.

(3)男の人：Yuki, can you play the guitar?

ユキ：Yes, I can.

男の人：Can you play tennis?

ユキ：No, I can't.

**4** ジミー：I want to go to the USA.

サクラ：Why?

ジミー：I want to watch baseball games. Where do you want to go, Sakura?

サクラ：I want to go to China.

ジミー：Why?

サクラ：I want to see pandas.

知識・技能

**5** 絵を見て、その内容を示す英語を、［　］の中から選んで［　］に書きましょう。

1問5点(15点)

(1) インド

India

(2)

cook

(3)

parents

cook　India　parents

**6** 日本文に合うように、グレーの部分はなぞり、［　］の中から英語を選び、［　］に書きましょう。

1問完答で5点(15点)

(1) この人はわたしの友だちです。

This is my friend .

(2) わたしはスペインに行きたいです。

I want to go to Spain .

(3) わたしたちはピザを食べることができます。

We can eat pizza.

can　go　eat　friend　Spain

思考・判断・表現

**7** 絵の中の女の子になったつもりで、自分のきょうだいをしょうかいしましょう。グレーの部分はなぞり、［　］の中から正しい英語を選んで［　］に書きましょう。(2)と、(3)の最初の［　］には同じものが入ります。文の最初の文字は大文字で書きましょう。

1問完答で5点(15点)

(1) This is my sister .

(2) She's Yumi.

(3) She's good at skating .

he's　my brother　skating　she's　my sister

**8** 日本文に合うように、グレーの部分はなぞり、［　］に英語を入れましょう。文の最初の文字は大文字で書きましょう。

1問5点(10点)

(1) エマはじょうずに泳ぐことができます。

Emma can swim well .

(2) イタリアに行きましょう。

Let's go to Italy .

(切り取り線)

**5** (1) 国名を表す言葉は大文字で書き始めることに注意しましょう。

**6** (1) 「この人は～です。」は、This is ～.で表しましょう。

(2) 「行きたい」は、want to goで表しましょう。

(3) 「わたしたちは～できます。」は、We can ～.で表しましょう。

**7** (1) 妹を紹介しているので、my sisterを使います。my brotherは「わたしの兄[弟]」を表します。

(2) 「彼女は」は、She'sで表しましょう。「彼は」は、He'sで表します。

間違えた言葉を書きましょう

# 春のチャレンジテスト

月　日
名前

時間 40分 | 知識・技能 /50 | 思考・判断・表現 /50 | 合格80点 /100

答え20～21ページ

知識・技能

**1** 音声の内容に合う絵を下から選び、(　　)に記号を書きましょう。 トラック167 1問4点(8点)

㋐ ㋑ ㋒

(1)( ㋒ ) (2)( ㋐ )

**2** 会話の内容に合う絵を下から選び、(　　)に記号を書きましょう。 トラック168 1問4点(12点)

(1) ㋐ ㋑ ㋒

(2) ㋐ ㋑ ㋒

Girls' Lunch 570円　Girls' Lunch 580円　Girls' Lunch 590円

(3) ㋐ ㋑ ㋒

(1)( ㋐ ) (2)( ㋒ ) (3)( ㋑ )

思考・判断・表現

**3** 次の絵はあなたの部屋です。次の質問を聞き、正しい英文を□から選んで(1)～(3)に記号で書きましょう。 トラック169 1問5点(15点)

㋐ It's on the chair.
㋑ It's under the desk.
㋒ It's in the bag.

(1)( ㋑ ) (2)( ㋐ ) (3)( ㋒ )

**4** 地図を見て、道をたずねた女の人とそれに答える男の子の会話を聞き、下の質問に日本語で答えましょう。 トラック170 1問完答で5点(10点)

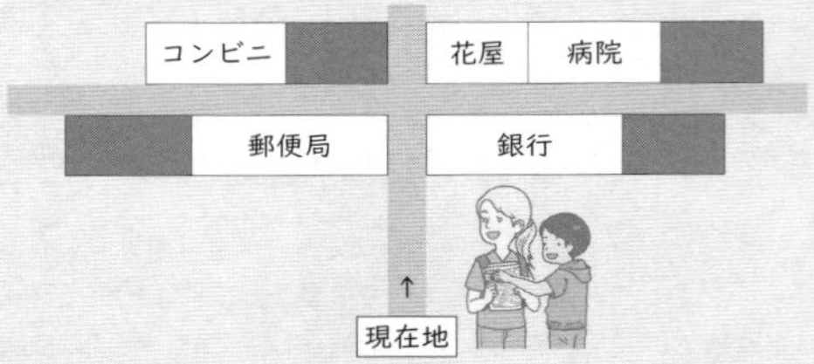


(1) 女の人は何がほしくてどこへ行きたいのですか。

( 今日の新聞 )がほしくて( コンビニ )へ行きたい。

(2) それは何のとなりだと男の子は答えましたか。

( 本屋[書店] )

(切り取り線)

**3** (1) 「あなたのボールはどこにありますか。」なので、答えは「それは机の下にあります。」It's under the desk. となります。

(2) 「あなたのTシャツはどこにありますか。」なので、答えは「それはいすの上にあります。」It's on the chair. となります。

(3) 「あなたのバットはどこにありますか。」なので、答えは「それはかばんの中にあります。」It's in the bag. となります。

**4** 女の人は今日の新聞がほしくて、コンビニの場所をたずねています。男の子は「まっすぐ行って、大きな郵便局を左に曲がってください。あなたの右にあります。それは本屋のとなりです。」と説明しています。

## 読まれる英語

**1** (1) My pen is in the box.

(2) My bag is under the desk.

**2** (1)A: What do you want for lunch?

B: I want pizza and soda.

(2)A: How much is this Girls' Lunch?

B: It's five hundred and ninety yen.

(3)A: Where's your cat?

B: It's by the desk.

**3** (1) Where's your ball?

(2) Where's your T-shirt?

(3) Where's your bat?

**4** A: Can you help me? Where's the convenience store? I want today's newspaper.

B: Let's see. Go straight and turn left at the big post office. It's on your right. It's next to the bookstore.

A: Thank you.

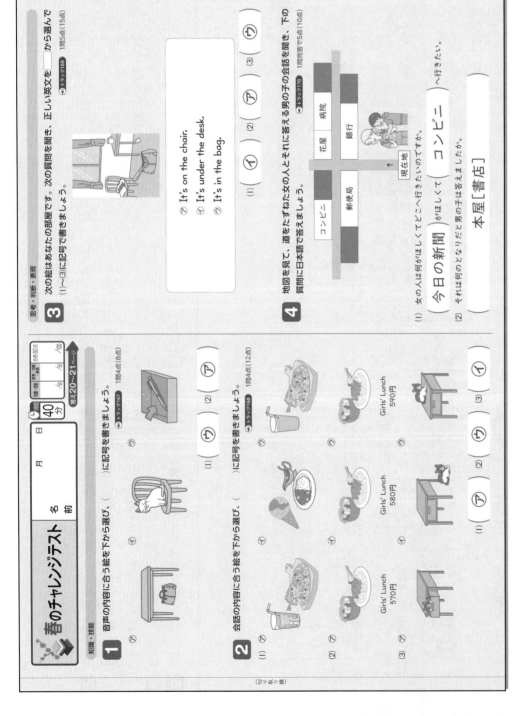

知識・技能

**5** 絵を見て、その内容を示す英語を、[ ]の中から選んで[ ]に書きましょう。 1問5点(15点)

(1)

chair

(2)

healthy

(3)

student

healthy　chair　student

**6** 日本文に合うように、グレーの部分はなぞり、[ ]の中から英語を選び、[ ]に書きましょう。文の最初の文字は大文字で書きましょう。 1問完答で5点(15点)

(1) わたしの赤いぼうしはどこですか。
Where's my red cap?

(2) 【料理の注文で】何になさいますか。
What would you like?

(3) まっすぐに行ってください。
Go straight.

like　straight　what　where's　go

思考・判断・表現

**7** 絵の中の女の子になったつもりで、彼女のオリジナルランチのしょうかいをしましょう。グレーの部分はなぞり、[ ]の中から正しい英語を選んで[ ]に書きましょう。 1問5点(15点)

ハッピーランチ
600円

(1) This is Happy Lunch.

(2) It's six hundred yen.

(3) It's delicious.

five hundred　six hundred
delicious　Happy Lunch
she's　my sister

**8** 日本文に合うように、グレーの部分はなぞり、[ ]に英語を入れましょう。文の最初の文字は大文字で書きましょう。 1問5点(10点)

(1) それはいくらですか。
How much is it?

(2) 銀行で左に曲がってください。
Turn left at the bank.

(切り取り線)

間違えた言葉を書きましょう

**6** (1)　「どこですか(＝どこにありますか)。」はWhere's ～? で表します。 Where's はWhere is を短くした形です。
(3)　道案内に使われる「まっすぐに行ってください。」という表現《ひょうげん》は、Go straight. です。 straightの発音とつづりに注意しましょう。

**7** (2)　600はsix hundredで表します。five hundredは500です。
(3)　「おいしい」は、deliciousで表します。

**8** (2)　「左に曲がる」は、turn leftで表します。

5年 英語のまとめ

# 学力診断《しんだん》テスト

月　日

名前

時間 40分　知識・技能 /50　思考・判断・表現 /50　合格80点 /100

答え22〜23ページ

知識・技能

**1** 音声の内容に合う絵を下から選び、(　　)に記号を書きましょう。
トラック171　1問4点(8点)

(1)( ㋒ ) (2)( ㋑ )

**2** 会話の内容に合う絵を下から選び、(　　)に記号を書きましょう。
トラック172　1問4点(12点)

(1)( ㋒ ) (2)( ㋐ ) (3)( ㋑ )

思考・判断・表現

**3** 音声を聞き、それぞれの好きな教科と得意なことを線で結びましょう。
トラック173　1問完答で5点(15点)

**4** ポスターを見ながら案内を聞き、下の質問に日本語で答えましょう。
トラック174　1問5点(10点)

School Camp
September 15-17
arts and crafts
calligraphy
cooking
sports & dancing
speaking English

(1) 何のスポーツが楽しめますか。3つ答えましょう。

( ドッジボール、バスケットボール、一輪車 )

(2) 昼食には何を作りますか。

( カレーライス )

(切り取り線)

**1** (1) When's 〜? は「いつですか。」の意味で、When is を短くした形です。「クリスマス」はDecember「12月」にありますね。

**2** (1) Do you help at home? は、「家で手伝いをしますか。」という意味です。答えの文のalwaysは「いつも」、wash the dishes は「食器を洗《あら》う」という意味です。

(3) I'm not good at swimming. は「わたしは泳ぐことが得意《とくい》ではありません。」という意味です。

**4** 案内では女の人が、「わたしたちの学校でキャンプをします。9月15日から9月17日までです。わたしたちはドッジボール、バスケットボール、一輪車乗りというスポーツを楽しむことができます。昼ご飯にはカレーライスを作りましょう。参加してください！」と言っています。

## 読まれる英語

**1** (1)A: When's Christmas?
B: It's in December.
(2) This is my sister. She can play the piano.

**2** (1)A: Do you help at home?
B: Yes, always. I always wash the dishes.
(2)女の子: Where's your cat, Kevin?
ケビン: It's under the desk.
(3)A: Are you good at swimming?
B: No, I'm not. I'm not good at swimming.

**3** (1)タイガ : I'm Taiga. I like English. I'm good at skating.
(2)男の人: What subject do you like, Keiko?
ケイコ : I like science.
男の人: Are you good at singing?
ケイコ : Yes, I am. I'm good at singing.
(3)ケビン: My name is Kevin. I like math. I'm good at swimming.

**4** We have a camp at our school. It's from September 15th to September 17th. We can enjoy sports; dodgeball, basketball and riding a unicycle. Let's cook curry and rice for lunch. Please join us!

知識・技能

**5** 絵を見て、その内容を示す英語を、□の中から選んで□に書きましょう。

1問5点(15点)

(1)

(2)

(3)

guitar　Tuesday　Wednesday

Wednesday　guitar　Tuesday

**6** 日本文に合うように、グレーの部分はなぞり、□の中から英語を選び、□に書きましょう。文の最初の文字は大文字で書きましょう。

1問完答で5点(15点)

(1) わたしはたいてい食卓《しょくたく》の用意をします。

I usually set the table.

(2) わたしはピザを食べたいです。

I want to eat pizza.

(3) カナダに行きましょう。

Let's go to Canada.

go　eat　let's　usually　want

思考・判断・表現

**7** 絵の中の男の子になったつもりで自己しょうかいをしましょう。グレーの部分はなぞり、□の中から正しい英語を選んで□に書きましょう。

1問5点(15点)

(1) Hi, I'm Riku .

(2) I can run fast .

(3) I'm good at playing tennis .

I'm good at playing tennis　I'm Riku
can swim　can run fast

**8** 日本文に合うように、グレーの部分はなぞり、□に英語を入れましょう。文の最初の文字は大文字で書きましょう。

1問5点(10点)

(1) わたしはじょうずにおどることができません。

I can't dance well.

(2) あなたはどこへ行きたいですか。

Where do you want to go?

(切り取り線)

**5** (2)(3) 曜日を表す言葉は大文字で書き始めることに注意しましょう。

**6** (1) 「たいてい」は、usuallyで表します。

(2) 「ピザを食べたい」は、want to eat pizzaで表します。

**7** (1) I'm～.は、「わたしは～です。」という意味です。

(2) canは「～できます。」と伝えるときに使います。絵では速く走っているので、can run fastを選びます。

**8** (1) 「～できません」は、can't ～で表します。

間違えた言葉を書きましょう

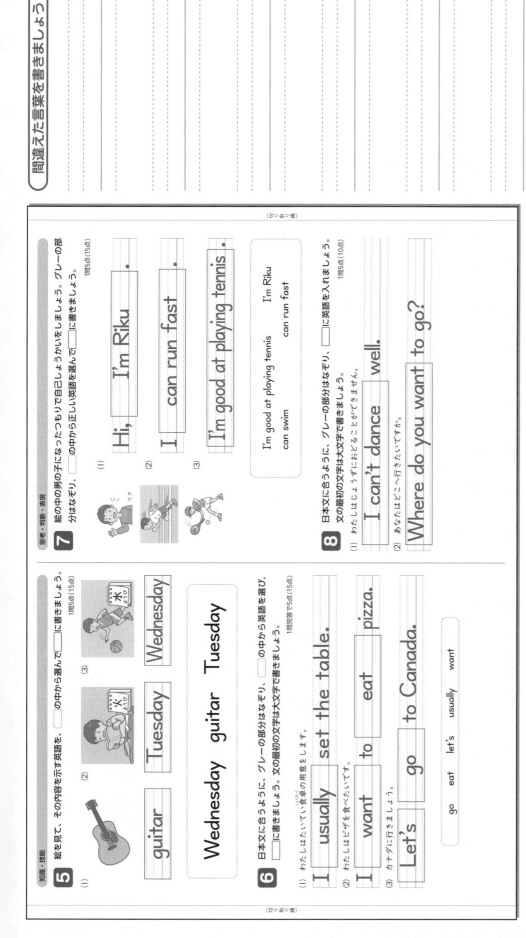